# 财富
# 大变局下的
# 价值投资

书声说财经 ◎ 著

中国纺织出版社有限公司

## 内 容 提 要

本书共三篇，分别介绍价值投资的基础理论、实战经验及如何避雷。以理论与实战相结合的方式把西方股市和基金基本理论与A股实际相结合，融会贯通。通过股票本质复盘分析基金交易，结合一些技术量化指标去分析股市和基金走势，站在散户的立场和利益，去观察和研究股市里的真问题，尽量把客观真相告诉大家。这是一本说透普通投资者该如何做好价值投资的宝典，实战和理论相结合，教普通投资者拥有金融知识和财富思维，读懂投资市场的奥秘，让投资小白在读书与实战中增长财富和智慧。本书写给那些想真正搞懂股市，不断总结亏钱教训和赚钱经验，最终形成自己的盈利模式的股民和基民；写给那些愿意从零开始学习金融知识，然后到股市认知变现的人。

### 图书在版编目（CIP）数据

财富大变局下的价值投资 / 书声说财经著. --北京：中国纺织出版社有限公司，2023.5
ISBN 978-7-5229-0431-3

Ⅰ.①财… Ⅱ.①书… Ⅲ.①投资—通俗读物 Ⅳ.① F830.5-49

中国国家版本馆 CIP 数据核字（2023）第 050275 号

---

责任编辑：史 岩　责任校对：高 涵　责任印制：储志伟

---

中国纺织出版社有限公司出版发行
地址：北京市朝阳区百子湾东里A407号楼　邮政编码：100124
销售电话：010—67004422　传真：010—87155801
http://www.c-textilep.com
中国纺织出版社天猫旗舰店
官方微博 http://weibo.com/2119887771
天津千鹤文化传播有限公司印刷　各地新华书店经销
2023年5月第1版第1次印刷
开本：710×1000　1/16　印张：10
字数：142千字　定价：59.80元

凡购本书，如有缺页、倒页、脱页，由本社图书营销中心调换

# 推荐序
## 站在散户的立场和利益说真话

2023年2月1日，A股全面实行股票发行注册制改革启动，这意味着股市迈入全面注册制的新时代。全面注册制改革后，上市交易的股票会越来越多，价值投资也会越来越重要。

信息披露是全面注册制改革的灵魂。信息也是价值投资的基础。所以，对投资者来说，股市信息分析能力会越来越重要，说真话也非常重要。

"书声说财经"的信息分析能力强，对国家政策把握精准，还经历了两轮股市"牛熊"，其提倡的"长线看价值，中线看波段，短线看节奏"的价值投资理念，每天影响着数万投资者，这很难得。更难得的是，"书声说财经"一直站在老百姓的立场，利用专业知识，免费为股民和基民提示风险，利用自身的影响力传播正确的价值投资理念，这件事情很有意义。现在市场上最缺乏的，就是像"书声说财经"这样一直站在散户的立场和利益说真话的财经大V。

难怪从2020年7月开始，短短两年多的时间，"书声说财经"全网粉丝量就近50万，仅在"今日头条"平台的阅读量就突破了1.28亿。其提倡的预判思维、复盘观点、信息点评也影响了千万读者。

"书声说财经"不忘初心，花费大量时间研究股市，坚持站在"股海"的船头及时为股民和基民提示风险，这更加难得。

"书声说财经"从资金面、技术面、消息面、交易情绪面综合分析股市，"长线看价值，中线看波段，短线看节奏"，投资理念和方法的核心还是价值投资，是真正的"授人以渔"，比较客观和科学。

确实，股市有其自身规律，要想在股市赚钱，要不断提高认知，认知对了，在股市里赚钱就相对容易；否则，还是很难的。

任何股市投资，除了信息分析，风险控制也很重要。巴菲特价值投资理念的第一条原则，就是永远也不要损失本金；第二条，请参考第一条。正所谓"股市有风险，投资需谨慎"，每个人都要理性投资，量力而行。

"书声说财经"说要把正确的价值投资观点和专业金融知识传播开，永远站在散户立场和利益上说真话，这是正确但很难的事情，希望坚持下去。金融圈是个利益圈，在此，希望"书声说财经"能继续为广大散户服务，为老百姓服务，继续分享正确的金融知识和价值投资理念，走正道，行正事，做正人。若如此，必行远。

中国信息经济学会副理事长、教授　吕廷杰<br>
2023 年 3 月

# 自序
## 学会散户的价值投资之道

就在刚刚过去的2022年,很多投资者在网上看过这样一个段子:一年前,某散户就开始模仿巴菲特,喝可乐、吃汉堡、坚持简单生活,而且每天坚持在A股价值投资,重仓持有中国平安、格力电器、恒瑞医药等白马股。后来,他除了投资亏损70%,资产从100万元变成30万元以外,其他都跟巴菲特一模一样。

这是有关价值投资的一个笑话,但也深刻反映了A股的现实:2022年,很多散户学习巴菲特的价值投资,结果在A股亏得一塌糊涂。这是为什么呢?这也是笔者多年前困惑和研究的问题。

价值投资在A股到底有没有用?散户应该坚持什么样的价值投资?这些年,"书声说财经"阅读了上千本财经书籍,其中不少是网上书店寄送来的新样书。结合15年的股市实战经验,"书声说财经"对散户在A股如何进行价值投资深入思考和研究,系统梳理写成了这本书。

转眼接触股市15年了,"书声说财经"很喜欢投资,因为投资不仅让人变得更富有,也让人更理性、更睿智、更快乐。"书声说财经"也曾在股市走过不少错路和弯路,最终找到了散户的价值投资之道,在读书与实战中增长了财富和智慧。对散户价值投资之道的深入研究和正确认知,也让"书声说财经"在全网收获了近50万粉丝,其中多数是股民与基民。

2022年,A股市场上坚持价值投资的股民和基民多数亏损,这是因为很多人没有搞清楚真正的价值投资到底是怎么回事。本书是写给"书声说财经"的近50万粉丝以及无数亏损的散户的,因为"书声说财经"一直有一个梦想:"我愿股市无韭菜。"

巴菲特的价值投资方法在A股为何会"缘木求鱼"?这个问题的答案并不复杂:巴菲特炒的是美股,他不是散户,他的公司已经代表专业基金机构,现金流充裕,有无限的资金加仓,而且他的心态极好,而广大散户多是账户净资产小于

50万元的中小投资者，资金有限、心气极高却心态极差。所以，很多时候，巴菲特在美股的价值投资赚钱方法不一定适合散户在A股用。

在金融行业有一个专业名词叫"高净值客户"。在券商的营业部，一般是指净资产在200万元以上的客户，俗称"有钱人"。有钱人能得到的专业服务跟普通散户是不一样的。对股民和基民而言，甚至大户在电脑里用到的技术指标，都跟普通散户不一样。

一些财经作家认为只要服务好有钱人就行了，为少数"社会精英"服务。而"书声说财经"从一开始就是为散户服务的。此书的每一个字，是为中国1.97亿股民服务的，为7.2亿基民服务的，也就是为人民服务的。

从中登公司公布的数据来看，目前我国的股民、基民中，散户的比重超过70%，中国股市是以中小投资者为主，机构占比率较小，这也是A股暴涨暴跌的原因之一。中国证券业协会发布的权威数据显示，截至2021年年底，我国个人股票投资者已超1.97亿人，基金投资者超过7.2亿人。这些股民、基民中有医生、教师、退休老人、工人等，都是我国股市的积极参与者。说句实话，他们多数没有享受到股市发展的红利，七成处于亏损状态。本书就是为他们服务的，因为他们应该了解中国股市的真相，他们应该真正搞懂散户如何在A股进行价值投资，应该听到真话，也应该享受到股市未来30年发展的红利。

在A股，散户和机构多数时候是博弈关系。散户天然热衷于短线交易，被很多机构和专业投资者诟病，但这恰恰是散户的优势：因为资金量小，跑得快，船小好掉头，碰到下跌趋势可以顺势而为，可以快速应对千变万化的股市。

可以肯定的是，散户在A股的价值投资之道，必须跟巴菲特和机构所说的价值投资有所区别，扬长避短，结合A股实际，顺势而为，才能赚到钱。否则，结果就像2022年一样，巴菲特和很多国际机构及国内机构都在高位撤离，只留下散户在山顶苦等解套。

"书声说财经"结合A股实战提出的"长线看价值，中线看投资，短线看节奏"，本质上还是价值投资，只不过根据A股实际、散户交易及心理特点，对传统价值投资观点进行修正，更适合A股的散户以及散户的交易心理。笔者15年的股市实战证明，这个价值投资模式是正确的。而在股市里，有了正确理论指导，做正确的事情，赚钱是自然的结果。

在 A 股，散户该如何进行价值投资？实践是检验真理的唯一标准。在 A 股，理论要与 A 股实际相结合。现在中国股市和基金的理论，不管是趋势投资，还是价值投资，基金定投，多数是来源于华尔街的残羹冷饭，在 A 股套用很多行不通，甚至缘木求鱼。所以，散户要结合 A 股实际去修正，顺势而为，而不是刻舟求剑。

2022 年，很多股民和基民都处于亏损状态。当年 6 月，出版社编辑约"书声说财经"写一本有关价值投资的书。于是，笔者把对散户如何在 A 股价值投资的多年思考和很多股市的真实情况集腋成裘，仅供散户参考，希望每个人价值投资都有收获。

本书有三大特点：

第一大特点，理论与实战相结合，把西方股市和基金基本理论与 A 股实际相结合，融会贯通。

第二大特点，基金交易通过股票本质去复盘分析，结合一些技术量化指标去分析基金走势。

第三大特点，说真话，永远站在散户的立场和利益上，去观察和研究股市里的真问题，尽量把客观真相告诉大家。

本书适合这样的人：想真正搞懂股市，不断总结亏钱教训和赚钱经验，最终形成自己操作模式和盈利模式，到股市认知变现的人。

本书也献给这样的人：想在读书与实战中增长财富和智慧的人。

本书还写给那些从零开始学习金融知识的人，写给不懂股市却想通过学习提高认知去股市里认知变现的人，热爱股市想从股市里赚到钱的人。

众所周知，从股市赚到的每一分钱，都来源于对股市和世界的认知。在股市里，赚钱才是硬道理。散户不管是买股票或是基金，赚钱是不变的目的。那么，在行情不好的时候如何价值投资赚钱？

例如，2022 年，很多千亿级别的基金经理都亏损 20%～30%，多数板块下跌，甚至下跌 50%。散户如何在这样的股市里进行价值投资？

第一步，你要认清市场大势。简单地说，要分清楚是牛市、熊市，还是震荡市场。不同的市场对应不同的操作策略，牛市持股不动，买场外基金；熊市躲大跌，做妖股，躲大跌后再吃肉；震荡市场低吸高抛。很多不懂 A 股的人第一步都没有走完，就急急忙忙买股票或基金，这样的人没有不亏损的。

也常常听到很多不懂A股的人，劝别人要持股不动，说价值投资就是长期持有，不要跑来跑去。这些人，根本就没有搞清楚A股，也没有搞清楚价值投资，哪有不亏钱的？比如，有很多人用牛市的策略来应对2022年的下跌行情，所以基金和股票亏得一塌糊涂。

第二步，不要听别人说什么，自己多进行股市大势复盘和股票走势分析。多看看盘面走势、股票走势，多看看基金重仓股，是上涨还是震荡走势，或是下跌趋势。

股票分析涉及很多金融基础理论知识，最好学习一下，比如，基本面分析和技术面分析，还有心理分析，也就是"书声说财经"说的交易情绪面分析。

技术分析方法很多，从道氏理论到波浪理论到江恩的趋势理论，再到利弗莫尔的股市预判思维和理论，都如盲人摸象，只揭示了股市的部分规律。现在的电脑技术非常发达，诞生了量化交易。量化交易的原理就是技术分析。

在投资中，哪种方法都不是十全十美的，关键在于灵活运用。以价值投资为例，价值投资现在已经成了多数基金经理的共识。从1934年格雷厄姆和多德创立证券基本面分析开始，到原美联储主席格林斯潘发表"非理性繁荣"的著名演讲，随着时代的发展，价值投资的方法越来越多，日渐丰富。从传统意义上的估值方法，比如，市盈率、现金流、盈利能力等估值，到以经营数据和增长数据等评估科技互联网公司，再到破产重组，以及周期价值投资。

散户在A股价值投资，哪种价值投资理论赚钱，就用哪种。在股市里实战，赚钱才是检验理论的唯一标准。例如，长中短线结合的价值投资理念，让"书声说财经"在2022年4月选择了价值投资新东方在线，2022年6月新东方在线大涨，一周就赚取了600%的收益率。因为财富大变局中，价值投资要选好企业，积极拥抱优秀企业家和公司团队！从俞敏洪走进直播间那一刻起，"书声说财经"就看好新东方在线。从绝望中寻找希望，继而从绝望中走出来的公司会无比强大，会打动这个时代的每一个人，这就是信仰的力量。

第二种价值投资是在行业周期底部买入有核心资产的企业，改善管理，等行业复苏再高溢价卖出：因为经济和企业，股市都是有周期的，中国股市亦是如此。这种周期价值投资，一般是在周期底部低价买入，在周期顶部高价卖出。如白酒板块，投资者可以在贵州茅台每股 160 元时买入，而在周期顶部卖出，短短几年便有 10 倍利润。当然，正如"书声说财经"所说，"价值投资要跟股票价格、趋势相结合分析"；再好的公司如果股价太高了也不划算。

还有一些散户要学习价值投资理念，如寻找有技术护城河的优秀公司，寻找毛利率较高的独特公司等，本书中也会介绍。

总之，财富需要日积月累，价值投资是一辈子的修行。本书是笔者结合中国股市实际，研究股市 15 年的一些经验之谈，以及股市研究的客观规律，很荣幸能得到百万投资者的点赞和关注，还有诸多专家、编辑的认可，在此一并表示感谢。此书如有纰漏，敬请读者指正。"书声说财经"的梦想是"我愿股市无韭菜"，希望每个人都在股市有所收获，早日走上财富自由的大道。

特别声明：为便于散户更好地理解价值投资，本书列举了很多实例，观点都不构成买卖任何股票与基金的建议，股市有风险，投资须谨慎。

2023 年 3 月写于北京

# 寄语
## 我愿股市无韭菜

**一、这是资本市场和价值投资最好的时代**

很多人没有察觉到，2020年突如其来的全球新型冠状病毒感染，实际上开启了一场全球财富的大变局。新型冠状病毒感染刚开始，美联储疯狂印刷天量的美元救市，放水收割全球；在2022年又疯狂加息，关紧"水龙头"回收美元，使全球股市产生剧烈动荡，股市暴涨暴跌，全球无数个家庭的资产在股市中被重新分配，价值投资将大有可为，看懂这个大变局的人能跨越阶层，实现财富自由。而看不懂的人，将血本无归。

可以说，对中国人而言，这些年也是资本市场最好的时代。全球财富大变局下一场狂欢的造富盛宴即将开始，股票发行全面注册制改革启动，懂得价值投资的人将乘风破浪，实现资产的增值和裂变。

现在每年仅在A股上市的公司就有四五百家，不少走的还是快速通道，几十天就能走完上市的流程，估值很高。比如在A股，芯片股龙头公司"中芯国际"走快速通道，一上市就估值6500亿元，超过全球很多半导体巨头。

这是资本市场最好的时代。近两年，得益于国家对资本市场的大力支持，科创板和创业板注册制落地，北京证券交易所鸣锣开市，很多中小创新企业蜂拥入市。目前，A股上市公司总数已经突破5000家。

这是资本市场最好的时代。得益于股市的好政策，中国很多互联网公司市值一上市就可以与世界顶尖的或百年的老牌公司比肩，甚至超越他们，在2021年的巅峰时期，美团的市值将近3万亿港元，比工商银行还风光；腾讯公司的巅峰时期，6万亿港元的市值依然受到投资者热捧。

这是资本市场最好的时代。20多年前，内地人谈起亚洲首富李嘉诚，都只有羡慕的份儿。2020年，中国香港首富李嘉诚的身价被中国内地互联网大佬不断赶超。

这是资本市场最好的时代。近几年，企业上市加速，虽然 A 股的沪市指数只有 3000 点左右，但总市值已经涨了四五倍，曾经市场随便一个科技半导体企业，估值就是千亿元，全然不顾中国芯片产业只占全球市场的 5% 的现实。券商报告里一个国产替代概念，股价就能涨 10 倍，把一家半导体公司未来 20 年的发展前景都透支完。

这是资本市场最好的时代，券商们保荐的 IPO 排着长队入市，券商分析师拿着研究报告四处奔走调研，互联网大 V 们在各平台使出全力鼓吹牛市来了，A 股还有永远讲不完的故事，比如大消费贵州茅台的故事讲到 3 万多亿元市值，一个酱油厂讲大消费的故事，市值达到 7000 多亿元，还有一些新的故事刚刚开始。

这是资本市场最好的时代，我国每年有几百家公司上市，数千亿元的融资在全球排名第一，超越美国。一场场狂欢的造富盛宴在 A 股上演，企业一上市，百亿身家的富豪就诞生了。

这是资本市场最好的时代，券商也赚得盆满钵满。看一下 2021 年的年报，几十家券商的利润翻倍。

这是资本市场最好的时代，但 A 股股市牛短熊长的格局没有变，"一赚二平七亏"的股民亏损定律还存在。财富喧嚣的背后，资本狂热的背后，唯一被"冷落"和亏钱的，是为这个市场做出贡献却没有回报，被称为"韭菜"的 A 股散户。

A 股这些全球最伟大的散户，最讲奉献精神、最不求回报的散户，他们有的是退休老人，有的是辛苦工作的工人，有的是外卖小哥，有的是农民，有的是小商贩，还有没毕业的大学生。他们中不少人也是怀着投资未来经济的信念来投资 A 股的，他们冲进"不成熟"的 A 股，希望股市不要辜负他们的热情，不要辜负他们这些对未来充满期待的股民、基民，让他们的投资都有回报。

然而，股市运行有自身规律，A 股不相信眼泪。散户要想在股市赚钱，必须保持理性，找到适合自己的投资方法：真正适合 A 股的价值投资之道。

## 二、股市千变万化，用正确的方法从股市里赚钱

散户在股市里赚钱当然不容易，不管是买股票还是买基金，除非真正搞懂价值投资。除了金融知识，股市技术，炒股和买基金还要跟人性做斗争，仅是克服

自己内心的恐惧和贪婪，就不是一件容易的事情。

经济学里有个著名的"一万小时定律"，任何行业，只要你比别人多花一万小时去学习、去研究，你就会比别人更专业、更优秀。

在"书声说财经"把市场上关于股市的一千多本书籍，结合A股的实战研究完之后，才发现：这世界上其实没有一种万能方法，能让你轻而易举地从股市里每天都赚到钱，"书声说财经"提出的"长中短线结合的价值投资之道"，也需要付出巨大努力。

虽然股市里流传着很多一夜暴富的神话，流传着10年一万倍的传说，但那只是传说。"书声说财经"在平台数百人的财经大V群里，遇到了诸多同行，群里没有一个人敢说自己的方法一定能赚钱，不少人自己炒股也是亏得一塌糊涂。50万粉丝中，不少人私信"书声说财经"，哭诉他们为了找到一夜暴富的秘籍而遭遇各种骗局：杀猪盘，非法推荐股票，几千元买了一堆毫无用处的课程。基于此，"书声说财经"觉得有必要写一本书，系统地给那些想在股市赚钱的人讲一讲"真相"，只说真话。

在股市里赚钱，可以说这世界上不存在万能的方法，只有概率的大小。如果有人告诉你，有方法在股市里一定赚钱，那他肯定是骗子。因为股市千变万化，每天唯一不变的就是变化，唯有审时度势，及时顺应市场的变化，才能赚到钱，价值投资亦是如此。

"书声说财经"在全网第一个提出"长线看价值，中线看波段，短线看节奏"的股市逻辑分析框架，探索长线、中线、短线结合的散户价值投资之道。这个长线的价值，就是价值投资的价值。价值是不断变化的，比如，公司经营环境的变动，国际局势变化，国家政策调整；中线波段也是变化的，市场上板块轮动很快；短线涨跌节奏变化更快。所以每天复盘，洞悉市场变化，预判未来趋势，顺势而为，学会仓位调节和控制，都是股市赚钱的必修课。

那么，股市里散户能赚到钱吗？答案是肯定的。股市要赚钱，你先要搞清楚股市处于牛市、熊市还是震荡市。股票无非就是上涨、下跌、震荡三种趋势，"书声说财经"提出的"长线看价值，中线看波段，短线看节奏"，即短线技术和中线波段、长线趋势交易相结合，不同阶段采取不同策略的价值投资之道，就是长中短线结合的价值投资之道。

其实，道理很简单，每一个人都懂：遇到牛市可以持股不动，遇到熊市躲大跌，震荡市场低吸高抛，寻找主力强势股，长短线相结合，波段操作放大利润，这些说起来都很容易，但要正确判断，每一步精准预判，背后需要大量实践和复盘分析。这就像很多人都听说过的一个故事：工程师给通用修理汽车发动机，画一道线收费 1 美元，但是知道在哪里画这条线收费 9999 美元。画条线不值钱，知道画在哪最值钱。股票买卖本身不赚钱，知道什么时候买卖才赚钱。

要想在股市赚到钱，就要懂得正确的游戏规则，知道什么时候买股票，什么时候卖股票。知道什么时候买基金，什么时候卖基金。否则，你用错误的方法去参与股市游戏，必输无疑。

在股市赚钱很不容易：提高认知、复盘技术、专业知识，每一次预判都是一个人认知能力的体现。所以，股市里有一句老话：你赚到的每一分钱都是你的认知变现。凭运气赚到的钱，最终会凭实力亏掉。

本书中，"书声说财经"还会介绍很多金融基础知识，复盘技术，还有在股市里赚钱的方法。搞懂股市金融知识和方法只是 1%，而重要的 99% 是你要学会复盘和预判，把这些知识和方法用到正确的地方。

努力学习，理论结合实战，你就会不断进步，不断总结亏钱教训和赚钱经验，形成自己的赚钱方法和模式，最终在股海里遨游，实现赚钱自由乃至财富自由的小目标。

你用正确的游戏规则参与股市游戏，你才能赚到钱。你要学会敬畏市场，因为市场永远是对的，犯错误的是人。随着监管越来越严格，现在的股票市场早就不是当年那种乱象丛生的野蛮市场，操纵股票的现象已经很少见。长中短线结合的价值投资方法，是根据 A 股实际提出的适合散户的价值投资方法。

上文中说过，A 股的现实中，机构和散户往往是博弈对手，如果你只学习机构的传统价值投资方法，结果就是机构和主力迅速撤离，股票大跌，散户被套牢。这是最基本的逻辑，被 A 股市场无数次验证。

综观 A 股很多机构抱团的白马股，走势都类似"A"字形，专业术语叫"A"字杀，散户蜂拥买入前都是涨势，高位接盘后就是下跌趋势。所以，散户在 A 股价值投资，必须学会择时，吃肉后要及时躲大跌，躲大跌后再吃肉双倍快乐。

### 三、什么样的人容易在股市里赚到钱

金融市场非常赚钱，也非常专业，能在其中生存的都是社会精英，华尔街就是鲜活的例子。在中国，从事金融行业的很多是北大清华等"五道口"名校毕业的研究生。股市是一场博弈，散户胜算不大，而说人人都可以在股市里赚钱，小白也能轻松赚钱的多是抓住人们偷懒心理的骗子。真相只有一个：股市赚钱不容易，容易的是亏钱。

散户为什么大多亏钱？除了追涨杀跌，还有一个重要原因就是散户不懂得自己适合什么样的价值投资，需要什么样的价值投资思维模式和投资方法。

那么，散户如何在股市价值投资？股市属于那些有预判思维的人，预判思维是股市的最基本思维。所有财经大V常说的一句话叫"低吸高抛"，这话"书声说财经"每天在股评里也说到。这句正确的"废话"的前提是你知道什么时候是低，什么时候是高，那就需要懂得一定的技术指标，需要每天坚持复盘、预判股票的走势。

股市可以预判吗？股市不是涨就是跌？只是猜涨跌的游戏吗？很多人都知道"猴子扔香蕉"的故事。在金融领域，专家研究相关课题、密切跟踪市场，但他们预测股市准确吗？对此问题进行了20年研究的心理学家菲利普·泰特洛克有言：专家预测不如猴子扔飞镖"靠谱"。

很多人据此认为，股市不能预测，涨跌都是猜测的。实际上，这个心理学家和人们都犯了一个致命错误："预判股市不是为了看准不准，而是为了赚钱。"人不能跟猴子等动物相比，人具有主观能动性，预判错了，立即反向操作就可以了。预判错了，反向操作，也能赚钱；因为股市和股票确实不是涨就是跌。

股市预判思维就像天气预报，就是通过各种股市技术手段和金融知识来观察股市，给出一个准确率高的预判，虽然不能保证百分之百准确，却是很好的参考，可以控制好风险，预判错了也可以马上反向操作及时更正错误。

预判思维是股市的最基本思维，因为炒股炒的就是预期。可惜很多人连这样的股市常识都没有就盲目入市。在股市赚钱哪有那么容易呢？股市门槛低，但股市赚钱门槛高，散户"一赚二平七亏"是铁律。

这里多说几句，很多基民觉得，买股票容易亏钱，不如买基金。但他们不明

白：他们买的股票基金，本质就是股票，是花钱请基金经理买股票。当股市没有行情时，买基金的人一样亏钱。比如2022年，因为很多基金经理没有随着市场环境而变化，结果损失惨重。

在A股，股市炒作的都是预期和未来，所以预判思维是必须具备的。价值投资，很多也是基于预期公司的高速成长。

得益于科技的进步，现在电脑上有关股票K线图的技术指标有很多，比如主图技术指标、副图技术指标，达一百多个，可以辅助人工做出预判，就像辅助驾驶技术和功能。

股市受到很多因素的影响，相对于原油、黄金、期货、可转债等金融产生品，可预判的概率要高很多。

根据多位网友的自发统计，"书声说财经"在2021年4月对A股涨跌的预判，预判准确率高达86%，3月29日～4月14日预判准确率达100%，位居今日头条大V榜首。因为那段时间，"书声说财经"几乎每天都复盘到深夜，有时甚至把4000多只个股复盘一遍。

预判股市走势是一项技术活，就像天气预报，有时也会预测不准，每个人的预判准确率也会相差很大。"书声说财经"基本上从四个方面来综合观察股市：信息面、技术面、资金面、交易情绪面，在全网第一个提出了这个综合预判模式。因为股市涉及政治学、金融学、社会学、心理学，你不仅要不断学习各学科的基础常识，还要向股市大师汲取经验教训，比如巴菲特，要搞懂真正的价值投资是长期投资。要沉稳大气，不确定是赚钱机会就不出手，要忍得住诱惑，管住抄底的手，直到你确定能赚钱才出手。要胆大心细，选好股票的买卖时机，杀伐果断：该买时，逐步建仓；该卖时，坚决卖出。止贪和止损：盈利符合自己的预期和认知就好，亏损了立即反向操作。

在股市长期稳定地赚钱确实不容易。有很多"股神"，吹嘘说短线交易10年赚1万倍。为此有一段时间，"书声说财经"也天天打板，赚过不少钱，但做错一次，亏损就是20%～30%，长此以往，收益率也不见得有多高。真正让"书声说财经"赚大钱的还是坚持中长线价值投资的比亚迪、新东方在线等优秀价值投资企业。

股市存在暴富的机会，但前提是你搞懂了股市，当这种暴富的机会来临时你要抓住，吃大肉时你千万不要客气，一定要重仓吃干榨尽，上涨趋势不改变，就不要轻易下车。而遇到下跌趋势，或者垃圾股，要及时止损。

**四、从信息面、技术面、资金面、交易情绪面观察股市**

为什么要从信息面、技术面、资金面、交易情绪面来分析股市？

先说信息面。很多人说不要去看信息炒股，他们完全没有理解什么是信息面。信息面既包括国家政策，也包括各种利空和利多消息，还包括国际金融大环境。经济信息本身就是钱，越是真实有效的信息越值钱。

A股是政策市，不看最新国家政策，能行吗？跟国家政策相违背，会亏得一塌糊涂。2021年"双减"政策一出台，在线教育公司的股价几乎全部暴跌90%。但有些国际机构却全身而退，因为他们提前看懂了政策。

另外，随着国际环境的变化，北上资金已经成为影响A股的重要因素，所以国际金融大环境也有影响，比如美联储加息、人民币汇率波动都会显著影响A股和港股的波动。

不同行业处于不同的经济周期，对股票也有周期性影响。比如房地产板块，2022年明显处于下行趋势。

多数股票还是要看消息，别人都看你不看，结果就是得到消息的人，快人一步躲大跌和吃大肉。

所以说，炒股不是不看消息，也不是仅看消息，这是两码事。由此可以看出，很多人炒股损失惨重是因为思维能力不行。什么东西一知半解，不求甚解，结果就是亏得更多。

股票的基本面和公司的突发新闻情况，也属于信息面，会影响股价走势。

除了信息面，还要看技术面。技术面方法，从康恩理论、波浪理论到趋势理论，已有上百年历史。

当然，股市操作还要分短线、中线、长线。很多人连这个都没搞懂，更不用说"长线看价值，中线看波段，短线看节奏"。股市行情有涨有跌，长线和短线策略操作思路不一样，游戏规则也不一样。

真正搞懂股市的人，会发现股市是很有趣的，自己的预判被市场验证是对的，又从股市赚到钱，那是一种高级的成就感，股市也很有趣，能让人快乐赚钱。

股市如人生，永远属于天性乐观积极向上的人。股市里不缺乏尖酸刻薄之人和悲观主义者，尤其是股市下跌时。但股市永远属于那些搞懂股市的人，你搞懂了，想通了，逻辑对了，预判对了，赚钱只是自然的结果。

股市属于那些热爱钻研股市的人：每天对了就总结赚钱经验，错了就总结亏钱教训，避免下次犯同样的错误，有成功的机会及时抓住。

股市要有好心态，是属于聪明人的游戏，不属于那些自怨自艾、满腹牢骚的人，更不属于那些想不劳而获的人。

股市还要看资金面，尤其是央行的政策。具体的个股，就要看资金流入和流出情况，比如龙虎榜。

交易情绪也是影响股价的重要因素，这完全可以从交易心理学和经济行为学去解释。

当然，在股市里，很少有人一夜暴富，多是十赌九输。从未见过一个输红了眼的"赌徒"能在赌桌上赚到钱，股市也一样，你越亏钱，越想回本，结果就是失去理智，频繁操作，犯错越多。正确的做法是：当你连续三次预判和操作失误亏钱时，一定要停下来，查找原因，是市场的问题，还是自己的原因。不能抱着赌徒的心态继续胡乱操作，那样只会越亏越多。

可以说，减少失误，保住本金，在股市长久活下去，这是价值投资的代表巴菲特和短线投机的代表索罗斯的共同成功点。当然，他们的成功更多归功于美股常年的牛市。A股则不太一样，牛短熊长，大部分时间只有震荡行情，股民们更要学会风险控制和仓位控制，然后赚钱。

**五、股市生存法则第一条：学会风险控制**

在股市里，股民只有保住本金活得长久，才能获胜。散户要想赚钱，首先学会一些股市生存法则，在股市搏杀的丛林里才能长久生存下去。

道路千万条，安全第一条。对股市而言，保证本金安全也是第一法则。股市生存法则第一条：在A股和港股，要学会风险控制，在股市行情好的时候多赚钱，在股市行情不好的时候躲大跌。

15年来，"书声说财经"经历了A股无数次的波段上涨和2008年奥运会期间的大跌；2015年的牛市和股灾还历历在目，仿佛就在昨日；两轮牛熊周期使"书声说财经"深刻地认识到：在A股，必须把风险控制放在第一位。

要把风险控制放在第一位，需要看清楚股票的趋势并控制好仓位。

2020年7月15日，一位护士朋友因网上无知的大V鼓吹牛市高位接盘券商股，在21元高位买了1万股中泰证券。这只股票2022年7月15日的价格是7.10元，两年损失14万元，这几乎是她两年的全部收入。

那一年，"书声说财经"下决心自己当财经大V给股民和基民提示风险。在此之前，"书声说财经"只是默默地从股市里赚钱。通过朋友这件事，"书声说财经"开始深刻反思：不应该把话语权让给那些不懂股市的人，让给那些说假话的人。

通过努力，"书声说财经"不仅实战经验丰富，熟读股市和基金各类书籍，还通过了证券从业资格考试，成为"今日头条"股票证券类的财经大V，仅在"今日头条"的粉丝量就突破34.6万，阅读量破1.28亿。

因为不卖专栏，也不开收费圈子，只专心为粉丝服务，"书声说财经"被粉丝称赞为"最有良心的财经大V"。

中国的股民，是最可爱的股民，有的是退休教师，有的是普通上班族，还有的是奶爸，他们赚钱不容易，将几万元的积蓄或者退休工资投入股市的他们叫散户。有些人每天损失几百元钱，就会失眠睡不着觉。但可惜，A股散户的生存环境并不友好，似乎除了追涨杀跌，没有其他更好的办法赚钱。让他们长期价值投资？他们信息来源少，不知道选乐视还是暴风。而真正的价值投资，并不是买一只股票就长期持有，而是要懂得底部买入，顶部卖出。所以，"书声说财经"总是为中国的股民和基民说真话，多次在高位提示风险。

在股市，真实信息和正确认知本身就很值钱。现在说假大空话的人很多，无知并没有什么过错，最多只会让人觉得愚蠢。但不懂股市，错误的认知就会使股民亏钱，因为股市是很公平的，所以每一位参与者都要尽力提高自己的认知。股市实战最能体现一个人的认知水平，预判对了就赚钱，反之就亏钱，来不得半点虚假。所以"书声说财经"只说真话。

股市，这是一个相对公平的地方：预判对了就赚钱，反之就亏钱。股市也是冷酷无情的，来不得半点虚假，也不相信眼泪。股市的涨跌，很多情况下是一场博弈，散户需要专业一点，专注一点。因为散户的博弈对手，是专业机构人士，是私募基金经理，是华尔街金融大鳄，还有"书声说财经"这样政策和信息分析能力、股市技术都一流还每天勤奋复盘的老股民。

只说真话，为散户提示风险，几乎精准提示每一次大跌，使"书声说财经"在"今日头条"的人气大增，公众号粉丝迅速增加，包括财富号等各平台也邀请入驻。

多说实话，用已有的信息认知和分析能力，给股民提示风险，这件事"书声说财经"还会一直坚持下去。虽然不可能帮到每一个股民，但人要相信眼光、命运和缘分，做好自己认为有价值的事情就可以了，因为"书声说财经"从股市得到的东西已经很多。复盘之余，给不懂金融知识的散户提示一下风险，何乐而不为？

"书声说财经"的梦想是"股市无韭菜"，希望每一个散户的投资都有回报。两年多来，"书声说财经"一直在各大平台笔耕不辍，大声告诉散户真相，包括A股的股市真相，股市大V真相，还有如何赚钱的真相。A股很好，股海里有很多"鲸鱼"，但你要有本事才能捞上岸。这需要你提高自己的认知，包括你对价值投资的深刻理解，你的预判思维和股市技术要精益求精，你对影响股市的信息要敏感，一旦你把这些都掌握了，赚钱是自然而然的结果。

全面注册制度的中国股市，赚钱的机会是很多的，尤其是中长线的价值投资。上一个30年，致富密码在楼市；下一个30年，致富密码在股市和基金。前方的路只有一个目标：赚钱。但是赚钱的前提是走正道：多读书，多提高自己的认知，通过不断学习把价值投资这件事做好。

### 六、用专业态度、认知、方法去股市里赚钱

"长线看价值，中线看波段，短线看节奏"，用专业态度、认知、方法去股市里赚钱，这是"书声说财经"从股市里得来的经验与教训，包括从资金面、技术面、消息面、交易情绪面综合分析，核心投资理念就是长中短线结合的价值投资之道，包括"把控制风险放在第一位"。

股票基金的本质就是股票组合，基金投资的高级玩法是：通过复盘基金重仓股来判断基金趋势，双底时抄底吃肉，双顶时躲大跌；场外基金通过调节仓位来

躲避风险，放大利润；一般热门基金大跌时抄底，根据大势对冲场外基金风险。不管是股票还是基金，每天坚持复盘，以复盘信息为主要判断依据，结合资金面和消息面、交易情绪面综合预判。

股市大势和板块分析预判，也是基民最需要的，看准了大势和板块，就能躲大跌，在场内基金吃大肉，在场外基金加仓。比如2021年，因为"书声说财经"对大势和板块准确复盘，精准预判了白酒顶部、科技顶部，提示了军工风险，基民粉丝大涨。

"2021年滴酒不沾"的结论是"书声说财经"在全网第一个明确提出的，当时有争议，但市场证明白酒板块长线趋势下跌。贵州茅台从2600元的高点附近一路下跌，到2022年10月几乎腰斩，最低时跌到1300元附近。

两年多来，作为财经大V，"书声说财经"一直专注于股票和基金领域，通过了证券资格从业考试，近50万股民和基民见证了"书声说财经"的准确预判和实力，很多粉丝躲大跌，吃大肉。一些基金经理每天也在看"书声说财经"的复盘文章，这说明通过股票本质去复盘研究基金走势的方法是无比正确的。

基金理论要结合A股实际，这是老股民都知道的常识，可惜很多新基民不懂，学了一点皮毛，抄一抄作业就想在A股赚钱，那真是小看了A股的风险。2022年，A股就给基民上了一堂沉重的风险教育课：买基金也是会亏钱的，而且亏得不少。这一年很多基金亏损达20%以上。

A股的门槛很低，但赚钱门槛很高，在股市里赚钱都是信息认知的变现，所以非金融专业的人，要想赚钱，必须做专业的事。要走正道，心无旁骛，不着急，多读好书提高信息认知能力。散户要想变得更专业，必读好书，因为好书是系统化正确的知识。

股海里有"鲸鱼"，就看散户有没有那个认知水平去捞上岸。现代社会，"内卷"得很厉害，"躺平"成了新的流行词。炒股需要不断提高自己的认知、视野、格局，需要关心社会进步。散户通过投资多赚点钱，在努力实现财富自由的同时，可以尽人事，乐天命，为自己、为家人、为社会和国家带来正能量！

总的来说，在股市里要想赚钱，要有一个好理念：价值投资，把风险控制放在第一位；要有一个好心态：快乐炒股；要有一个好习惯：仓位控制。

"赚钱"两个字，在股市里好写、好说，但要做到你却要付出极大的努力：

认真看盘和复盘，学习专业金融知识，对股市最新消息认真分析，不断总结亏钱教训和赚钱经验。

要想在股市赚钱，如果说有捷径，那就是多读书，多实践，每天让自己进步一点，日积月累，专业一点，最终自己当自己的救世主。

交易还需要关注交易心理学。大多数股民、基民长期在股市里难以赚到钱，赚了钱还想赚更多的钱，跌了又不知道全身而退，结果被套，克服不了内心的恐惧和贪婪。所以苦练内功，克服市场和人性的弱点，是非常必要的。

**七、股市三大基础理论：波浪理论、江恩理论、预判思维和理论**

散户要学会分析和预判股市，就要掌握一些股市基本的理论知识。理论结合实战，才能更好地理解和运用散户的价值投资方法。本书主要介绍股市三大基础理论：波浪理论、江恩理论、预判思维和理论。

股票交易涨跌的本质是波动，华尔街天才操盘手利弗莫尔在《股票大作手回忆录》里阐述了股票涨跌的本质：股票总是朝着阻力较小的方向波动，交易者只要复盘看清大势和股票波动趋势，顺势而为就可以赚钱。

最小阻力方向跟股市大势、资金多空双方博弈力量有关，所以复盘选股很重要，看大势，看消息利多还是利空；能上涨赚钱的股票多是交易活跃的热门股，这种股票的特征是不断创新高；就算主力出货也能涨，主力只要买很少的筹码，散户就会跟风。股票下跌不存在主力洗盘一说，主力拉不上去了就会下跌，这是下跌的本质，说主力洗盘的人是不懂股票波动基本原理。

股市唯一不变的就是变化，股票技术预判就像天气预报，需要系统的理论支撑。"书声说财经"研读了国内外几百种股票交易理论，比如，经典的道氏理论、江恩理论、股市预判思维和理论等，结合15年的实战和复盘经验来看，对散户较为有用的是波浪理论、江恩趋势交易理论和利弗莫尔的预判思维和交易理论，这三大技术预判理论值得深入学习和解读。

这三大技术理论在现代都可以以K线为基础进行技术分析，艾略特的波浪理论实际上是股市技术分析的基础，凡是有看盘经验的人都能看懂波浪理论，结合江恩趋势交易理论、利弗莫尔的股市预判思维和交易理论，很适合短线实战。

再多说几句，诞生于20世纪二三十年代华尔街的现代股市理论是道氏理论、波浪理论和江恩理论。道氏理论偏向于宏观分析牛市还是熊市；波浪理论偏向于技术分析，适合短线实战；江恩理论跟A股江湖的"缠师"提出的"缠论"有点类似，有可取之处，也有不少糟粕，核心思想是趋势交易。

1. 波浪理论

波浪理论比较形象，一般强势股的K线图五浪上涨形态如图1所示。

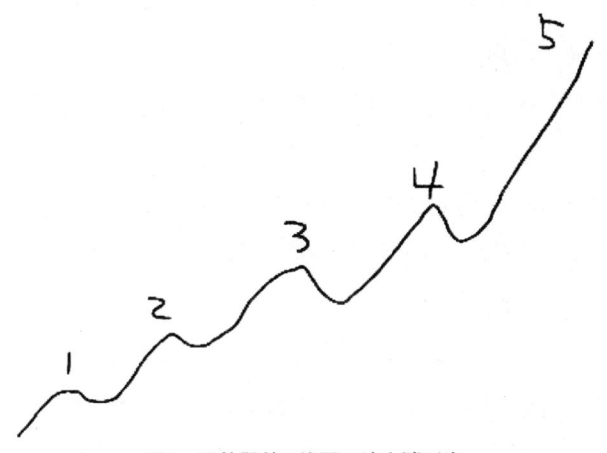

**图1　强势股的K线图五浪上涨形态**

对应的股票拉升阶段分别是：建仓、调整、拉升、再回调、拉升出货，交易情绪对应的是开始、犹豫、上升、挫折、大涨，有的股拉升只有三浪；大势不好的时候也只有三浪形态。

一般投资只做股票的主升浪，波浪理论对判断双顶和双底形态也有帮助。主力不强势时，失败浪就会形成双顶。

当然，波浪理论本质上也是技术分析，要结合看盘经验，有一定的局限性，大势好时准确率高；大势不好时就容易浪里翻船。

波浪理论的核心原则：在较大级别的波浪运动中，不同指数和股票的见顶时间往往是不同的；但是在下跌时，不同指数和股票却几乎同时触底。也就是说，不同的指数和股票的底部往往会同时到来。

当市场走出第四个拐点时，你可以在波浪运动图上绘制出最终通道线，通过这一通道线，你可以确定该轮波浪运动的顶点，确定第五浪结束的大致位置。

同一级别的波浪运动，通常会保持同样的通道宽度。也就是说，相同级别的波浪运动的通道宽度往往会保持不变，除非出现第五浪未能达到通道顶部的情况。

波浪运动的级别越大，突破通道线的可能性就越大。

在波浪运动图上绘制通道线时，如果是上升行情，基准线画在下面；如果是下跌行情，基准线画在上面。

波浪运动主趋势的强度会在靠近基准线附近时显露出来。

为了更直接、更宏观地把握波浪运动现象及规律，下面这些制作波浪运动图的方法和技巧值得大家借鉴和参考。

建议用对数比率图来绘制周线的波浪运动图，将正常的波浪运动图放大两倍或三倍来观察波浪运动的规律。

在一个图表中展示一轮完整的五个大浪，各个股票板块以及个股。对于投资者感兴趣的三大平均指数、各个股票板块以及个股的日K线图而言，普通的算术比率图就能满足分析的需要。

波浪运动的周线图非常重要，其主要原因有：只有清楚地识别周波动趋势，才可能在足够长的历史范围内观察波浪运动，从而有效确定波浪运动正处于何种浪级。这对于识别较大级别的波浪的性质尤其关键。如果日波动图呈现为一条直线，那么通过绘制周线图，我们会看到平台形或三角形波浪形态，这些形态分别由三个浪或者五个浪构成，它们对于预测未来市场趋势非常有用。日波动图上所有可能出现的欺骗性，都可以通过周线图来排除。

无论是研究细浪、小浪、中浪、大浪还是更高级别的浪，最好始终在一张波浪运动图上来研究同一级别的波浪。否则，波浪的识别可能被混淆，波浪的相对力度以及波浪的通道线也有可能被扭曲。

在分析大浪级或是更小级别的波浪运动时，周K线图、日K线图和30分钟K线波动图是最好的分析工具。同时也应该注意，分析波浪图时，不要只局限在一种K线图上，而是应将不同时间周期的波动图综合研判。在价格快速运动的行情中，30分钟K线波动图及日线图是最好的分析工具；而在缓慢行进的行情中，日K线图和周K线图是最好的分析工具。

应用波浪理论，投资者能有效地观察和分析K线图指标的波浪运动现象和规律。比如有些股票似乎在第五浪未结束时就开始下跌。

有些股票似乎在第五浪未结束时就开始下跌。

当然，在大多数时候，并不是所有的股票都会行动一致。艾略特的波浪理论实际上只是股市技术分析的基础，学会了这些基础技术，不代表你就能在股市赚钱，因为所有技术指标只有在大势好的时候有用，在强势股有用；若大势不好，再好的技术方法也会失灵；股市赚钱没有任何捷径，需要每天踏踏实实多看盘和复盘，多读书提高认知，通过认知变现。

股市技术是基础，但不要迷信股市技术，技术面只是观察股市的一个面，一般股市大势和板块趋势还需要看资金面、消息面（利好或利空）、股民交易情绪面等，四个面综合分析，准确率比较高。

2. 江恩理论

江恩理论的核心内容是趋势交易，对散户有用的"书声说财经"总结了20条：

（1）每次入市买卖，损失不应超过买卖本金的1/10：你每次操作一只股票，即便亏钱，也不要超过10%，超过了立即止损，不管什么原因。

（2）永远设止损位：止损位"书声说财经"一般是6%，根据个人承受能力来定，意思跟第一条守则差不多。

（3）永远不过量买卖：永远不要满仓，最多七成仓位；有些人总喜欢满仓操作，结果自己很被动，一旦判断失误连挽救的机会都没有。

（4）永远不要让所持仓盘转盈为亏：要学会止盈，跟"书声说财经"说的"在A股收红包永远是对的"差不多。

（5）不逆市而为：永远顺势而为，逆势上涨的股票和板块有，但多数股票和板块随大势。

（6）有怀疑，即平仓离场：一旦市场走势不及预期，立即反向操作，熟悉"书声说财经"的粉丝都知道，有好几次经典战役都是如此。

（7）只在活跃的市场买卖：永远要在大势好时买卖，大势不好要休息；股票也是一样，只买强势股、交易活跃的股；场内基金也是一样的，ETF只交易日成交量在5000万元以上的。

（8）永远不限价出入市，要在市场中买卖：别挂单抢涨停或跌停，以市场价格为主要信息。

（9）如无适当理由，勿将所持仓盘平仓，可用止赚位保障所得利润：不要清仓，至少要保留你赚钱的部分，也就是留底仓；永远不要试图赚到每一分钱，不吃鱼尾。

（10）在市场连战皆胜后，可将部分利润提取，以备不时之需，胜不骄；"书声说财经"的习惯是将每个月利润的 50% 转出。

（11）买股票切忌指望收息：在 A 股，很多不懂股市的散户说，买银行股收利息，因为股票分红后会除权，除非能填权，否则分红你还会搭进去个人所得税。比如很多人最近两年买银行股，想靠分红赚钱，结果亏损严重。

（12）买卖遭遇损失时，切忌加码：败不加码，做错了要反思和休息，不要输红了眼，在 A 股十赌九输。

（13）不要因为不耐烦而入市，也不要因为不耐烦而平仓：要保持定力，尤其是在震荡市。

（14）肯输不肯赢，切记：涨了不要心慌，散户买股票本来就是为了上涨，符合预期不必惊慌。

（15）入市时落下的止损盘，不宜胡乱取消：止损了就不要再纠结，有些散户操作错了，耿耿于怀。要永远寻找下一个赚钱的机会。

（16）做多错多，入市要等候机会，不宜炒卖过密：要把握好节奏。

（17）顺势而为，顺应趋势。

（18）不要因为价位太低而低吸，也不要因为价位太高而高抛：这是趋势交易的核心原则。

（19）避免在不适当的时候以金字塔式加码：倒金字塔加码符合散户最大化利益，价格越低仓位越重，涨时加仓一般不要超过股票底仓的 1/2。

（20）如无适当理由，避免胡乱更改所持仓盘的买卖策略：相信自己的判断，保持定力。

这 20 条都是趋势交易的实战经验，趋势理论很适合在 A 股短线实战。

3. 预判思维和理论

股市的预判思维和理论的集大成者是利弗莫尔，他的《股票大作手回忆录》，是此理论的集大成之作，是股市的高级理论，通俗易懂，值得每一个想学习股市技术的人好好研读：读懂华尔街顶尖操盘手的主力思维，才能避免在股市当韭菜。

股市预判理论的本质是主力思维，不是散户思维，所以散户要加强学习，而不是固执己见。这个股市预判理论，是华尔街天才操盘手利弗莫尔技术操作思想的核心，是通过复盘预期走势，用市场大盘去验证预期判断：预期对了，赚钱；预期错了，反向操作；比预期强，加仓；比预期弱，减仓。

这是一个完整的股市理论体系，非常科学，怎么说都对的这才叫理论，逻辑上你搞清楚了，才能用理论指导股市实践。买基金最好也要研究股市，预判股市大势和板块见顶信号，否则，股市大跌基金也会损失惨重。

散户需要加强学习，提高股市认知水平，而不是继续当韭菜，怨天尤人，改变自己的思维是最难的，但只有摒弃散户思维，才能在股市里赚到钱。

选股操作方法和策略都来自股市实践，这是一切股票科学理论的基础。根据盘面走势而不是自以为是，这样买卖操作可以避免70%的股市亏损。在股市的马拉松长跑中，很多人没跑几步就损失惨重，原因就是自以为是，没有敬畏市场的风险！

操作策略科学：策略是顺势而为。那些和市场走势相对抗的人，无一不亏损严重，落寞离场。

判断科学：涨就是涨，跌就是跌，不这么看的人，要么愚蠢，要么故弄玄虚；跟市场趋势对抗的人，是典型的自以为是，最后只会亏得一塌糊涂。

检验标准科学：赚钱是检验对错的唯一标准，赚钱说明你操作对了，亏钱就说明你操作错了，需要立即反向操作，简单明了，符合逻辑。

交易心理科学：用市场来验证判断的对错，相当于用实践来检验理论。只要判断对了，赚钱就是自然的结果，这有利于培养股票交易的好心态。

### 八、快乐交易心态：战胜人性与市场的贪婪和恐惧

除了上述三大股市基本理论，还要关注股票交易的心理分析，快乐炒股，快乐生活；完善心智，完全相信自己。

美国心理学家马克·道格拉斯对交易心理学有极深的研究，散户可以借鉴：他觉得最终股市还是要靠心理分析；他觉得最高明的交易者，是那些根据概率思考的人。战胜人性与市场的贪婪和恐惧，敢于在大跌时抄底，大涨时卖出，不会做"追涨杀跌"的韭菜。

交易错误会使你的账户亏钱，但记住，95%的交易错误源于错误的心理，

比如，你害怕亏损、害怕踏空错过机会。

股票交易的冷酷现实是每笔交易的结果都有很大的不确定性。但买股票，要大概率赚钱你才动手，交易者学会根据概率思考后，会进行符合优势定义的每一笔交易。

很多交易者以及有剧烈波动的交易员通常不知道影响价格的基本供需因素，部分交易都是针对情绪因素所做的反应，所以观察市场的交易情绪很重要。

在20世纪70年代末至20世纪80年代初期以前，交易圈认为技术分析不是赚钱的有效工具，但用技术分析预测未来的价格波动，效果远胜于完全依据基本面分析。技术分析带来了更多可能性，因为每天、每周、每月、每年股市里都会重复出现相同的行为模式，"华尔街没有新鲜事"。

预测市场走势、想到你应该可以赚到的所有钱和实际交易有巨大差距。市场对于每位交易者认知和解读市场信息的方式没有影响力，也不能控制交易者采取的决定和行动。换言之，交易的冷酷现实是每笔交易的结果都不确定，除非你学会彻底接受结果的不确定性，在这个过程中你会碰到很多自己曾经亏钱犯下的昂贵错误。

股市的成功之道：从基本面分析到技术分析再到心理分析，聪明的人三者结合起来。这也是从信息面、技术面、资金面、交易情绪面综合观察股市的原因。股市交易也是概率事件，大概率涨时出手，大概率跌时躲大跌，震荡市躲大跌后再抄底吃大肉双倍快乐！

在股市赚钱不难，但需要掌握以下六条"黄金法则"：

第一，积极阳光心态：快乐炒股，快乐生活。

第二，努力学会看盘：长线看价值，中线看波段，短线看节奏。

第三，复盘分析每个板块走势：勤奋是自信的基础，你要寻找交易赚钱的机会，而不是买卖股票或者跟股票谈恋爱；要懂得买和卖的5分钟K线和30分钟K线技术指标相结合。

第四，多读金融好书，学习系统化的金融知识，学以致用，书中自有黄金股。

第五，专注交易实战：不断总结亏钱教训和赚钱经验。

第六，敬畏市场，控制好风险：认知变现，先要敬畏市场，不要自以为是。

股市的规律"一赢二平七亏",如果你没有技术、知识、经验,又不努力,赚钱的人一定不是你。

股市是聪明人实现财富自由的地方,如果具有无知、抱怨、眼光短浅、脾气暴躁,头脑不够冷静等坏习惯都不适合股市。如果不努力提高认知、态度、格局、视野,故步自封,还是会遇到很多问题。

市场永远是对的!也就是说,市场信息是股市唯一真实的信息,当整个市场犹如一辆大卡车往下冲的时候,股民和基民不要听任何人说什么:你亏钱了就说明这些人说的都是错的!

长中短线结合的价值投资之道,其核心是"长线看价值,中线看波段,短线看节奏",这是价值投资,还是趋势交易,准确来说是"赚钱之道"。买股票的目的是赚钱,除此之外,没有别的任何企图。一切操作的目的只有一个:放大利润。

操作逻辑:看清大势,顺势而为;不做死多头,也不做死空头,更不会在下跌趋势时愚蠢地持股不动。

操作特点:把控制风险放在第一位,追求每个月的稳定收益,专门收割主力。

操作要点:复盘发掘有主力的牛股、预期走势、盘面验证。

操作战略:根据大势调整交易策略,长中短线结合。

当然,做好交易,还要战胜人性与市场的贪婪和恐惧。"你永远也赚不到认知范围之外的钱,凭运气赚到的钱,很快你就会凭实力亏回去,甚至亏损更多。"这句投资界的名言,对2022年的A股来说,尤其正确。股市上今天发生的事,过去也发生过,将来还会再次发生。

回顾一下长中短线结合价值投资的要点:买入股票是为了赚钱,赚钱了才说明你是对的。而任何股票的成功,都需要瞄准时间,有合适的买入点。有时候买入时机比选择股票更重要。不是为了买股票而买股票,而是为了寻找赚钱的机会买股票。当趋势改变,危险来临时,永远也不要和股市行情斗气。散户出手后发现不对,不能任由损失扩大,应该及时止损,而且要果断。市场波动信息是每天都在跌,就不应该出手加仓,应该及时卖掉。

犯错的是人而不是市场,不要抱怨市场。出错的时候必须认错,然后卖掉。这是一条股市的基本原则,必须坚持。

大盘还好的实际操作中，散户要做的就是预测股票的走势，赚钱了，就说明你操作对了，要预测下一步走势；如果符合你的预期，或者比你预期的要强，就继续加仓，反之，则要逆向操作。股票长期下跌时，不存在低价吸筹一说，因为市场上的主力不止一个，如果某一个主力低价打压股票，有价值的股票就会被其他主力买走。没有人能操作股票下跌并使其保持低位。所谓的打压99%都是合理的下跌。只是某个主力的操作加速了这个过程。股票下跌正常的建议是看空，如果有人说这是主力在打压满仓不动，这是扭曲的建议。

股市利空和利多消息，总是顺应股票的最小阻力方向，有一点要铭记于心：绝对不要妄图在最高点逃顶，不赚最后一个铜板。如果预测没有更大上涨空间，就要在下跌的第一时间抛出。

频繁地交易便是盲目地交易，即便是华尔街上最专业的投机者也会亏损。只有确定是对的才会出手，顺着波动阻力最小的方向操作——顺势而为。在市场信号出现之前，不要出手。买股票真实可靠的信息，就是盘面信息，把市场波动信息作为判断依据，就有七成的胜算。

牛市不会在疯狂行情的顶点转为熊市，熊市也不是突然反转中见底转为牛市。牛市是在股价开始普遍下跌前，就已经不再是牛市，通常领导股市的牛头股，一个接一个从最高点下跌，而且很久没升回去，这就意味着牛市逐渐转为熊市。直到有一天，整个市场变得十分疲软，所有股票的价格都开始下跌，则说明熊市开始。散户要复盘看清股市大势的强弱，保持理性，保持预判的快乐，会使你战胜人性与市场的贪婪和恐惧。

总之，愿每一个散户都能在股市有一种快乐的心态，尊重市场，敬畏市场风险，在股市里乘风破浪，愿每个人的投资都有合理的回报，快乐理财，快乐生活。

## 股市基本术语

为了帮助股市小白更好地理解观察股市和股票的方法,"书声说财经"先跟大家科普一些股市的基本术语,"书声说财经"在平时的股评中也会经常用到。

基本面:一家上市公司基本的情况,包括上市时间、发行价、市盈率、股东股本、财务数据、每股净资产、每股收益、每股资本公积金、每股未分配利润、每股经营性现金流、净资产收益率、前10大股东占比和机构投资者占比等,这些在券商的App上都能查到。

压力位:股票上涨时遇到阻力的价格位置。

支撑位:股票下跌时获得支撑的价格位置。

趋势:股票向上或者向下波动的惯性,类似于开车时加速的动能。趋势一旦形成,就会朝着一个方向波动,中间或许有反弹。

主力:与散户博弈的机构或游资,主导股价走势。

调整:上涨趋势中的正常回撤。

反弹:下跌趋势中的偶然上涨。

长线交易:一般指半年以上的交易周期。

中线交易:1~6个月交易周期。

短线交易:3天到一个月的交易周期。

超短线交易:1~3天的交易周期。

尾盘交易:14:30~15:00的交易。

多头:股票的买方,看涨股价。

空头:股票的卖方,看跌股价。

强势板块:表现强于指数的板块。

弱势板块:表现弱于指数的板块。

强势股:表现强于板块的股票。

弱势股：表现弱于板块的股票。

K线图：股票波动走势图，常用的有日K线、周K线、月K线、5分钟K线图和30分钟K线图。

底仓：初始买入的股票。

加仓：继续买入股票。

减仓：卖掉持有股票。

清仓：卖掉所有股票。

轻仓：1到3成仓位。

重仓：7成以上仓位。

满仓：把所有资金买入股票。

成交量：股票成交的总量。

左侧交易和右侧交易：股票上涨趋势，左侧买入，右侧卖出；股票下跌趋势，右侧买入，左侧卖出。

## "书声说财经"的投资理念

了解了一些基本的股市术语后,你需要了解一些投资的最基本原则,"书声说财经"介绍的这些投资理念和哲学,是 15 年的股市读书和实战经验换来的,希望理解并牢记:

1. 长线看价值,中线看波段,短线看节奏:长中短线结合的价值投资本质上还是价值投资,不过更适合 A 股和散户。

2. 把风险控制放在第一位。

3. 永远敬畏市场,不要抱怨市场,犯错误的是人。

4. 市场是最好的老师,多看盘和复盘,华尔街没有新鲜事,股市总是在重复一些故事。

5. 预判对了总结赚钱经验,下次吃大肉机会来临时,抓住机会吃肉;预判错了总结亏钱教训,绝不犯同样的错误。

6. 永远不要在下跌趋势中买股或者持有股票和基金;永远不要在上涨趋势中卖掉底仓股票和基金。

7. 账户是否赚钱是检验股市操作对错的唯一标准。

8. 预判对了就继续正确操作,预判错了立即反向操作。

9. 你买入股票不是因为喜欢某一只股票,你是在寻找交易赚钱的机会,每一次买入股票都应该等待相对确定性的赚钱机会。

10. 永远和强者站在一起,选择强势板块和强势股票。

11. 顺势而为:遇到牛股吃干榨尽,遇到熊股及时止损。

12. 震荡市场的战略:躲大跌后吃大肉,吃大肉后躲大跌。

13. 留底仓是一个非常好的投资习惯:亏钱的股票不用留底仓,赚钱的股票一定要留底仓,这样你每天的心情会无比愉悦,心态自然就好,心态好了赚钱也多。这是很科学的,第一次操作能赚到钱的股票,往往一直让你赚钱;反之,让你亏钱的股票，也大概率让你多次亏钱。

14. 股市投资要有信心，要有耐心，更要有平常心。

15. 快乐投资，快乐生活。

# 目录 CONTENTS

## 上篇 价值投资的基础理论

### 第一章 全面注册制实施，价值投资迎来黄金30年 / 003

- 第一节 财富大变局：过去30年财富增长靠房子，未来30年靠价值投资 / 003
- 第二节 小白如何学习价值投资：读书是最有效、最经济的方法 / 005
- 第三节 价值投资看一千份财务报表，不如看一眼股票的市场表现 / 008
- 第四节 在A股如何做好价值投资：先选择强势股票和基金 / 011
- 第五节 价值投资是长线持股不动还是短线技术交易 / 014
- 第六节 巴菲特的价值投资神话可以复制吗 / 019
- 第七节 做好合理的价值投资规划：穿越牛熊，快乐投资，快乐生活 / 023

### 第二章 价值投资的历史与发展 / 027

- 第一节 为什么要坚持价值投资 / 029
- 第二节 与好公司和优秀企业家一起成长 / 033
- 第三节 周期价值投资：踏准波谷和波峰 / 035
- 第四节 顺势而为，价值投资要与股票趋势相结合 / 038
- 第五节 长线看价值，中线看波段，短线看节奏 / 040

## 第三章　价值投资的成功案例　　　　　　　　　　/ 045

第一节　腾讯控股：价值投资的1000倍复利奇迹　　/ 046

第二节　新东方在线：价值投资要看企业家和公司团队　/ 048

第三节　贵州茅台：基金抱团时代的价值投资神话　　/ 050

第四节　宁德时代和比亚迪：新能源时代政策风口的价值王者　/ 053

第五节　人工智能：新科技带来的价值投资浪潮　　　/ 056

# 中篇　价值投资的实战经验

## 第四章　股市的价值投资　　　　　　　　　　　　/ 061

第一节　股票价值投资实战常识　　　　　　　　　　/ 061

第二节　股市的价值投资机会　　　　　　　　　　　/ 064

第三节　如何面对股票波动：基本面分析和技术趋势分析　/ 066

第四节　如何观察股市：信息面、技术面、资金面、交易情绪面　/ 069

第五节　价值投资必须具备股票预判思维　　　　　　/ 074

第六节　价值投资也要学会止盈和止损：逐步建仓和减仓　/ 077

第七节　如何复盘：看懂K线图　　　　　　　　　　/ 078

第八节　价值投资也要择时：躲大跌后再抄底吃大肉双倍快乐　/ 080

## 第五章　基金的价值投资　　　　　　　　　　　　/ 083

第一节　手把手教你如何价值投资基金　　　　　　　/ 083

第二节　价值投资者如何选择股票基金　　　　　　　/ 088

第三节　基金被套了怎么办　　　　　　　　　　　　/ 094

第四节　ETF基金的交易和发展趋势　　　　　　　　/ 098

第五节　如何投资指数基金和REITs基金　　　　　　/ 102

第六节　如何投资"网红基金" /106
第七节　如何定投才能拥有"微笑曲线" /108

## 下篇　价值投资如何避雷

### 第六章　价值投资也有风险 /115
第一节　股票和基金价值投资的风险 /115
第二节　居民理财的风险和典型骗局 /118

# 上篇

## 价值投资的基础理论

长线看价值，中线看波段，短线看节奏

# 第一章　全面注册制实施，价值投资迎来黄金30年

2022年，注定是投资历史上极为不平常的一年，尤其是对坚守价值投资的股民和基民来说，很多人想不明白自己为什么会亏钱。这一年，美联储从3月开始7次加息，6月、7月、9月、11月连续四次激进加息75个基点，基本利率飙升到4.25%～4.5%。这导致全球股市都处于下跌趋势，不少人被套，基金亏损为20%～50%，股票亏损更多，连美股特斯拉都暴跌70%，从400美元的高位跌到了最低108.24美元。那么，价值投资过时了吗？价值投资有用吗？散户如何价值投资？带着这些问题，我们一起走进2023年的股市，走近股票和基金价值投资的真相，一起在A股全面注册制实施的新阶段探索价值投资的秘诀。

## 第一节　财富大变局：
## 过去30年财富增长靠房子，未来30年靠价值投资

"在风口上，猪都能飞上天。"这是小米手机创始人雷军的创业名言。普通人的财富增长也是一样，要找准未来的风口。

先看两组数据：中国股票市场规模数据显示，截至2022年1月底，中国共有4644家上市公司，中国股市总市值839227亿元，占GDP的70%左右。从海外资本市场发展来看，股市总市值占GDP达到100%是资本市场成熟的标志。比如，美国股市总市值一般占GDP的100%～150%。可见，中国股市还有很大的发展空间。

就房地产而言，日本在房地产泡沫高峰时，房地产总市值占 GDP 的 391%。我国目前房地产总市值达到 400 万亿元，占 GDP 将近 400%。所以，国家才提出"房子是用来住的，不是用来炒的"。

截至 2022 年 7 月末，中国广义货币（M2）余额 257.81 万亿元人民币，是 GDP 的 2 倍以上，其中大部分钱流入了银行和房地产两个行业，所以过去 30 年，银行和房地产是我国最赚钱的行业。

在过去 30 年，我国居民的财富增长主要靠买房。以至于到现在，家里有几套房，成为衡量中国家庭财富多少的标志。尤其是北京、上海、深圳等一线城市的房产，更是被公认为社会的优质资产。从严格意义上说，这些地方的住房不仅能抵御通货膨胀，每个月的房租都有几千元甚至上万元，抵得上当地人的平均工资，已经具有金融属性，属于"生钱资产"。

随着中国楼市拐点的到来，加上"房住不炒"的国家政策，2022 年，二三线城市的房价开始回落，房子的金融投资属性日渐萎缩，不少地方的房子成了"风险资产"。加上不少上市的房企暴雷，烂尾楼增多，环京的房价开始腰斩，买房子不再是一项稳赚不赔的投资，风险逐渐加大。

截至 2022 年年底，中国房地产还是坚持"房住不炒"的政策。那么，未来 30 年，我国居民财富增长的机会在哪里？毫无疑问，在股市。股市投资成为未来普通人阶层跨越的必由之路，也是拉开家庭财富差距的地方。

有数据显示，2022 年我国居民存款增量高达 10 万亿元。在大量的钱从楼市流出后，将去向哪里？P2P 理财和虚拟货币由于是违法投资，在我国已经被取缔。"原油宝"事件后，工商银行、招商银行等也停止了纸黄金和原油期货的投资。国内一些热钱流到国外也已经不现实。

再看看金融市场上的理财产品：2022 年市面上余额宝等货币基金的年化收益率已经跌破 1.3%，银行存款和各类中低风险的理财产品年化收益率很少突破 3%。只有股市，还有一个月涨 10 倍的"财富神话"，如 2022 年 6 月的"新东方在线"。

全球疫情导致很多行业的收入降低，赚钱对于个人或者一个家庭来说，其重要性不言而喻。未来拉开中国家庭财富差距的是优质公司的股票。股市里遍地是黄金，关键看你怎么淘到金子。从几千只股票里找到那些能让你赚钱的公司，就像是沙里淘金的过程，需要对价值投资有充分的认知。因为多数散户没有上市公司的原始股票，只能到二级市场里去买卖。每个散户投身到股市里，都是为了赚钱。但在股市里，搞懂价值投资和没搞懂价值投资的人，差距很大。

有人统计过，在中国股市，多数散户是亏钱的。要想在股市赚钱，只有简单的四个字：认知变现。也就是说，你要想赚钱，就要搞懂股市，用正确的规则参与博弈游戏。多数人亏钱，是因为用错误的方法到股市里操作，追涨杀跌，不懂得随行就市。

毫无疑问，这个正确的规则就是价值投资。金融市场能赚钱，也很有趣，但是普通人却没有金融思维。例如，金钱在市场里是机会成本，每一分钟都有价值。如何用有限的本金赚更多的钱，就需要提高自己的认知，包括金融基础知识和股市知识，还要熟悉国家政策和法律，真正搞懂如何价值投资。

有一句话老股民都听说过："你在股市所赚的每一分钱，都是你的认知变现，那些凭运气赚到的钱，迟早会亏回去的。"

如何长久地从股市赚钱？那就需要价值投资，形成自己的交易赚钱模式，并且坚定执行，知行合一。

价值投资就是股市最重要的财富增长方法。未来30年，我国资本市场还将继续壮大发展，尤其是注册制改革和金融对外开放，散户应该坚定地看多做多中国投资的机会，分享资本市场发展的红利。

## 第二节　小白如何学习价值投资：
## 　　　　读书是最有效、最经济的方法

股市小白如何学习价值投资？读好书是最经济、最有效的方法。股民和基民在股市炒股和买基金需要读书吗？很多人认为不需要。

但如果你不是学习财经专业的，不懂金融基本知识，还不愿意读书，不学习优秀投资人的经验和教训，或者否认股票的技术方法，没有搞懂价值投资，纯粹靠赌博或猜测股市涨跌，你炒股大概率会亏钱。

其实，很多提倡价值投资的写书作者是真能赚钱的，比如《苏世民：我的经

验和教训》的作者苏世民，超 5000 亿美元规模的黑石基金创始人，他写书是为了卖钱吗？他捐款 1 亿美元在清华大学设立了苏世民学院。

有钱人和穷人的不同就在于思维、认知、格局的差异。而读书是成本最低、最有效改变自己的思维、提高认知和人生格局的方法。所以"书声说财经"一直主张，要读好书，要向世界上最优秀的投资者学习。那些故步自封的人，如井底之蛙，只想赚快钱，会困在贫穷的思维怪圈里无法自拔。

"书声说财经"学习价值投资的方法，就是阅读大量的经典财经书籍，实际上是做专业事。因为股市是非常专业的金融市场。有些人报学费为几千元的理财班，其实还不如从一本好书中学到的东西多。

如何从书中学价值投资？你读书的最终目的是要学习这些优秀价值投资人的思维、经验和教训，来提高自己的认知，开阔自己的视野，最终让自己变得专业，赚钱是自然而然的结果。因为读书后，你会用书中的理论来指导实践，用实践来检验自己从书本中学到的知识和经验，不断去伪存真，最终在股市形成自己稳定的赚钱模式。

股市的门槛很低，但股市赚钱门槛很高：每个人利用手机 3 分钟开个账户，第二天就可以买卖，但只有 10% 的人能赚到钱。股票也好，基金也罢，都是中高风险的投资，散户是"一赢二平七亏"的格局。在你读书学习使自己变得更专业之前，最好不要炒股，因为你不懂价值投资，炒股就是劳神费力还赔钱的事情。

普通人如何做好价值投资赚钱？授人以鱼不如授人以渔，在 A 股如何做好价值投资：读书与实战相结合。

普通人读书时应关注优秀的价值投资人关注什么，比如关注正确的投资理念：炒股路上没有捷径；关注买股票和买基金的常识和基本技巧，比如投资经验、技术分析、基本方法；更重要的是关注投资思维。你要结合学习内容，建立自己的交易模型或交易体系。

其实，一本好书胜过 100 个股市大 V：因为投资的好书就是系统化的理论指导，要学习价值投资的理念、方法和经验，更重要的是价值投资的思维。普通人从书中要学习优秀的价值投资知识、经验、思维，最终为我所用。

读书要用类比思维，厚积薄发，把书读活，而不是只翻书。

价值投资，这也是"书声说财经"一直在输出的投资观念，2022年底公募基金规模26万亿元，私募基金20万亿元，再加上几万亿元的社保基金和外资，价值投资已经成为市场的主流。如果你还认识不到这一点，每天只超短线操作追涨杀跌，长期看你在股市里很难赚到钱。

股市分析有一些基本理论：比如道氏理论、波浪理论、江恩理论，这些现代股市理论的基本思维和框架，都是必须学习的。经典的股市书籍都是必须看的，比如利弗莫尔的《股票大作手回忆录》。

当然，不是所有书都是正确的系统化经验和知识。也有很多人在网上吹嘘说自己独创了什么秘籍，拜了个绝顶高手当师父，一边喝着茅台一边得到真传，这些人都是骗子，就像很多民间科学爱好者说自己推翻了爱因斯坦和牛顿定律一样，独创了很多伪科学理论。

股民和基民应该看金融基础和股市基础书籍，而不是垃圾秘籍。在A股，我们要走正道而不是捷径。因为这个世界上根本没有捷径和秘籍。股市里，消息面、资金面、技术面、交易情绪面每天都在变化，股市唯一的不变就是变化。这个世界上没有股神，只有交易的成功者和失败者。你的交易准确率超过了失败率，控制好风险赚钱了你就是股神。市场永远在变化，你读书掌握了基础的金融知识和股市技术后，要坚持复盘分析股市的最新变化。

市场上，很多人利用软件和人工智能炒股，这些有用吗？量化交易靠谱吗？其实，大多交易软件没有用，机器选股和人工智能选股也没有用，因为股市瞬息万变，参与买卖的人不确定，再厉害的科技和人工智能也无法运算出股票的涨跌，真正有用的是你自己多看盘和复盘分析，培养盘感和总结赚钱经验。

前面说过，散户有散户的价值投资之道，要对股市行情有基本正确的认知，要懂得顺势而为。除了要多读书掌握基本的股市理论外，最重要的是去实战，去复盘分析股市行情的强弱，去股海里遨游，最终乘风破浪，实现财富自由。

在下面的章节里，"书声说财经"将给大家介绍散户如何认知股市行情、复盘分析股市和基金的强弱，如何做好价值投资。

## 第三节　价值投资看一千份财务报表，不如看一眼股票的市场表现

看懂财务报表，是一种重要的价值投资方法，但不一定能赚钱。在 A 股，很多业绩好的公司股价常年不涨，还会大跌，典型的是 2022 年券商和银行板块；有的"白马股"，业绩虽好，但走势经常是"A"字杀。其实，多数时候市场是对的。在 A 股价值投资，看一千份财务报表不如看一眼股票的市场表现。

股票波动是有规律的，股价总是朝着波动阻力较小的方向运行。市场是最好的老师，任何股市和股票，一轮牛熊都有四个阶段，如图 1-1 所示。

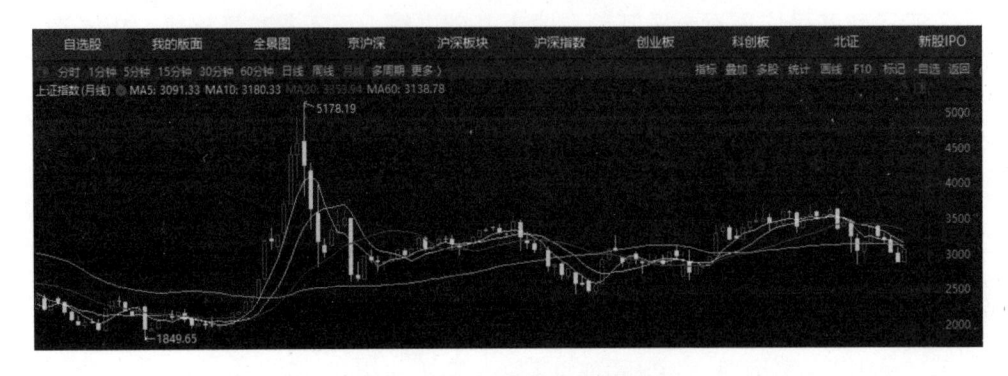

图1-1　2012～2022年沪市月K线

第一阶段：底部震荡阶段（2013 年 7 月～2014 年 7 月）。

第二阶段：上涨阶段（2014 年 8 月～2015 年 5 月）。

第三阶段：高位震荡阶段（2015 年 5 月～6 月）。

第四阶段：下跌阶段（2015 年 7 月～2016 年 2 月）。

对应地，主力一般都是经历这四个阶段去操作一只股票。散户最好搞懂主力的手法，避免上当受骗。华尔街天才操盘手杰西·利弗莫尔通过帝国钢铁的例子，详细揭露了主力的具体操作思维和手法。

帝国钢铁是当年美股里的一只白马股，资产优质，盈利不错，股价低于每股的净资产，但因为股权分散，散户手里的股票只有 30%，大股东控盘 70%，这

明显缺乏投机的吸引力，盘子大，游资根本不关注，所以股价一直不温不火。在股市大涨的情况下，股价一直稳定在70美元，没有相应上涨。

就这样一只无人问津的优质白马股，本来是价值投资的好股，但帝国钢铁的大股东想出手卖掉股票，却没人接盘，因为70%的股票在他们手里。

他们想更高价出货，于是找到了利弗莫尔。所以，股票卖方的主力可以是机构，也可以是公司大股东。

于是，主力开始操作第一步：利弗莫尔找了一些财务专家去公司进行调研，得到了调研报告。从这里可以看出，利弗莫尔算是一个良心庄家，先进行了调研，看看这家公司到底怎么样，一般的券商分析师都经常进行这样的调研，得到调研报告。不像某些没有操守的主力，一只要退市的股票都敢炒高让散户接盘。

第一步调研完成之后，利弗莫尔觉得这只股票有上涨的可能，因为股市大势是上涨的，帝国钢铁这只股票被低估，可以接盘，于是庄家开始了第二步：低价拿货。大家都是成年人，谈利益报酬肯定是不伤感情的，因为毕竟找专业操盘手或者机构、游资来帮忙出货，不可能不付报酬。利弗莫尔要了10万股帝国钢铁的认购权，价格为70～100美元。这相当于低价拿货，因为之后你会看到，帝国钢铁的股票被轻易炒到了100美元，后来在市场游资炒作中，还上涨了30%，达到130美元。

第二步低价拿货之后，庄家开始了第三步：主力控盘。

利弗莫尔跟帝国钢铁的大股东签订了一项控盘协议，大股东手里的70%股票全部由他支配。因为他不想自己拉升股票的时候，大股东减持，他接盘了。这也是为什么，现在很多个股在拉升异常上涨阶段，大股东被股票交易所要求自查后都会发公告说大股东没有进行任何股票买卖，他们跟庄家一般是一伙的，在控盘拉升第一阶段一般不会出货，真正的出货阶段在后面。

股市无新鲜事，华尔街昨天发生的事，今天还在世界各地重复发生。

在主力控盘70%以后，利弗莫尔开始了第四步：吃货拉升。利弗莫尔对付30%散户的手法，就是吃货拉升，他只买了7000手帝国钢铁，因为帝国钢铁卖盘少，股价很快就从70美元上涨到了100美元。上涨是吸引散户最好的手段，所以利弗莫尔的操作理念是"行情会帮我搞定一切"，他选择了拉升吸引市场关注。

主力完成第四步吃货拉升后，股价上涨，吸引了更多的游资和散户进场，主力就开始第五步：出货阶段。

因为主力已经在买入阶段解除了抛压，在此阶段股价会迅猛上涨，有时会有连续涨停出现。如果股票成为人气股，游资和散户活跃，主力就会很轻松出货，即便大股东出了减持公告，股价依然会继续上涨。如果没能吸引足够的散户和游资，股价则会下跌，利弗莫尔就停止卖出，再拉升股价。

这个出货阶段，利弗莫尔比较专业，他不断重复买入、卖出股票，但是股价涨得越来越高，他就顺利实现了边拉边出货，最后以高于100美元的高价卖出。

而有一些主力，出货阶段不仅拉升，还会放一些所谓内部消息或利好消息，这就是股市里常说的"黑嘴"，他们制造舆论，在出货阶段骗散户高位接盘。这也是为什么，股市上的很多股票一旦出现连续涨停的暴涨，行情就快结束了，散户总是在最高点接盘。

一旦主力出完货，股价就会一路下跌。2020年的西藏药业、王府井、省广集团、君正集团等都是这个走势，如图1-2所示。

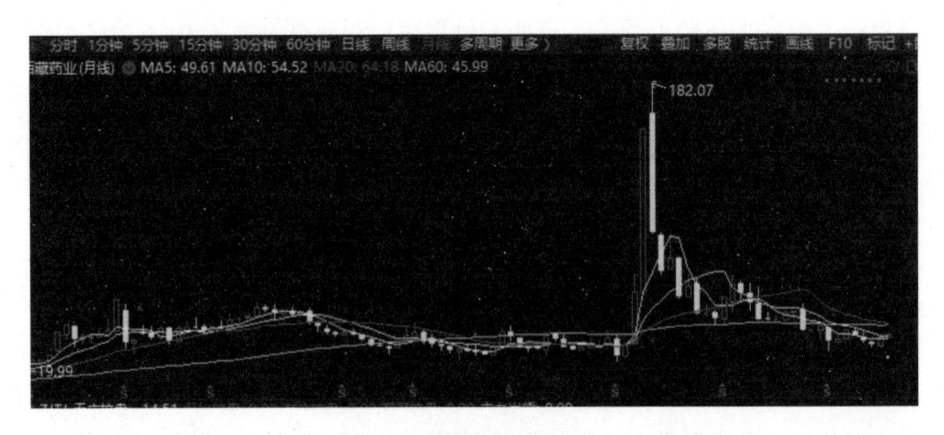

图1-2　西藏药业月K线走势

市场上很多股票都是"A"字形走势，专业来讲叫"A"字杀。如果大势改变，资金量萎缩，新股越来越多，主力拉升股票散户不跟，无人接盘，很多主力庄家就选择了直接出货，这样的股票走势就是一路大跌和阴跌，也就是很多散户说的遭遇了"杀猪盘"。

这些极不专业的主力，或者大盘大势极端不好，就会采取连续跌停的方式出货，具体做法是先来几个跌停吸引关注，然后在拉升反弹时出货。

主力的操盘手法大同小异，一般都会经历调研、低价拿货、控盘、拉升、出货阶段，时间有长有短，散户最好看清大势，搞明白你的股票是在哪一个阶段，采取相应的对策，这需要大量的实践和看盘经验。低价拿货一般是对应的股票低位震荡阶段，控盘一般是上涨阶段，拉升有时候会暴涨，出货阶段对应的是高位震荡和下跌阶段。

总之，在A股进行价值投资，看一千份财务报表不如看一眼股票的市场表现，要看股票市场的涨跌，看基金的业绩。散户任何预判的观点，都要让市场去验证，顺势而为，如果坚持自己错误的观点，不进行反向操作，市场很可能会给你沉痛的教训。买入股票和基金前，散户先搞清楚股市和股票处于哪一个阶段。买股票和基金的最佳时机就是低位震荡时买入，大涨或者高位震荡时卖出。永远不要在第四阶段，也就是下跌趋势买股票或者持有基金。

## 第四节　在A股如何做好价值投资：先选择强势股票和基金

在A股如何做好价值投资？先要搞懂股票的趋势，站在"牛股"的背上顺势而为。技术交易的基础是趋势。趋势，是股票最基本的波动方向，股票价格总是朝着阻力小的方向波动，进而形成趋势。

股票和股市，一般有上涨趋势、下跌趋势和震荡趋势三种，如图1-3所示。

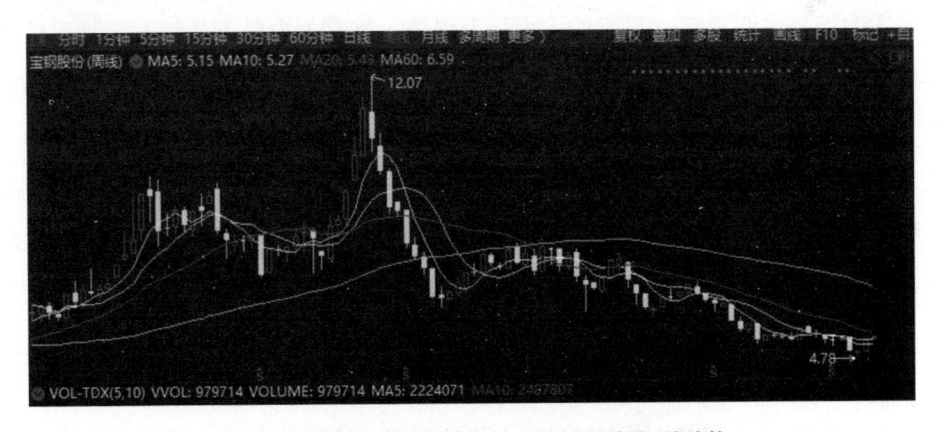

图1-3　宝钢股份2020年12月～2022年11月的周K线趋势

顺势而为，是散户交易获利的最大优势。如果你想在交易技巧上再上一层楼，就要学习如何使用趋势线并将它与交易预期结合使用。

一旦明显的趋势线形成，将会惯性运动。当股价上涨突破压力位时，可以顺势加仓，获得更大利润。当股价跌破趋势线时，至少应该卖出部分仓位。如果有明显的趋势线形成，它可以帮你分析在什么地方设置止盈点和止损点。

不要买任何下跌趋势的股票和基金：下跌趋势的常见信号，下跌超 20%；连续下跌没有反弹；跌得多反弹少。

上涨趋势：跌少涨多，上涨 20%，波动趋势向上。

长中短线结合的价值投资，非常适合基金抱团的股票和场内 ETF，也适合指数基金。

对于价值投资个股的选择，先看大盘的大势，大盘是牛市或者强势震荡市场，技术面分析才比较可靠。

选择个股和选择什么时候买股一样重要。

大势没大问题，就开始考虑个股的技术面和趋势，天时地利缺一不可。技术面，是指该股处于什么样的位置，底部还是顶部，是在上升趋势还是下跌趋势，处于波浪里的第几浪，还有没有上升空间。一般选择 5 日均线以上的股票比较好。

从赚钱的角度来看，除了技术面和趋势，还要考虑个股的主力面、价值面、资金面。

主力面是先要观察这只股的主力是否强势，要看主力是不是套人，是不是每天都有拉升。选择强势主力的个股，涨跌反复震荡不让散户赚钱的主力，要么实力不够，要么操盘失败，一般不会有大行情。

根据"书声说财经"15 年股市实战经验，A 股散户只有在大势好时，选择强势股、强势板块和强势基金才容易赚到钱。你要站在牛股的背上，长线只做龙头，价值投资也是一样的。

除了股票走势趋势，价值投资还要关注价值基本面，主要是市值，你要考虑这个企业是高估了还是低估了。高估还是低估，有时候是绝对的，有时候是相对的，比如 2020 年的比亚迪，3500 亿市值的时候，绝对值上看好像是高估的。但是相对而言，当时股市大势好，一个酱油厂都炒作到 7000 亿市值，那么这个估值就是低估的，因为新能源汽车赛道比酱油消费市场要大得多。

长线看价值，中线看波段，短线看节奏：价值投资者一般看长线，会忽略一些短期的技术面波动，但如果短线技术好，就可以长中短线结合放大利润，长线主要看价值，价值是变化的，要根据具体趋势来看。中线主要看波段操作，短线看技术面涨跌。

资金面：有时候你要分析是哪些资金在买这只股，碰到社保基金、外资等长线资金买入，价格又在低位，那就可以长期持有。短线做T，也就是低吸高抛。

选一只低估值的优质资产股，低价买入，长中短线结合，应该是在A股里一种比较好的赚钱方法。如果主力强势股活跃，则可以不断降低成本。

投资股票不能三心二意，一年长线股能做好两三只价值投资的股票就很好了；至少要做周线级别的中线波段才赚钱，短线高抛低吸即可。

第一天买第二天就卖的超短线操作，很难赚到钱。因为有时候错一次，就足以让你亏掉所有盈利。

散户在开始投资股票之前，就选好行业和企业，选好价值投资的龙头股票。

选好股票之后，就要选择一个技术面上恰当的时机买入股票，有时候把握好节奏比选股本身更重要。可以尾盘交易，可以调整时买入。

剩下的就是坚定自己的选择，结合技术面顺势而为。可以结合大势来控制好仓位，赚钱的股票，要养成留底仓观察的习惯。这样既可以总结赚钱经验，又可以在股票有第二波行情的时候继续吃肉。那些让散户赚钱的主力强势股票，会让你一直赚钱，反之会让你不断亏钱。

"长线看价值，中线看波段，短线看节奏。"在A股，选股的前提都是价值投资。一年选到几只低估值的好企业，再观察主力是否强势，价值投资做好中线波段，短线震荡时低吸高抛，就可以赚到钱。选择场内基金（ETF）和选择股票是一样的，要选择当年强势的主赛道，保持定力，技术面走势相结合来高抛低吸降低成本。

喜欢指数基金的散户，可以选择活跃的指数来交易，比如创业板50、上证50、科创50等指数来观察大势和交易，也属于价值投资，因为这些指数基金的成分股也多是白马股，非常适用于"长线看价值，中线看波段，短线看节奏"的长中短线结合的价值投资之道。

## 第五节　价值投资是长线持股不动还是短线技术交易

散户价值投资买股票和基金，是持股不动还是短线技术交易？这两种方法并不矛盾。其实看准周期波动，踏准了价值投资的节奏更重要：买在谷底无人问津时，卖在人声鼎沸众声喧哗时，这也是一种重要的周期价值投资方法。

"书声说财经"在前面说过，看懂中国股市和楼市的大势和波动周期，是财富增长的秘诀。中国前30年的财富增长靠楼市，后30年的财富增长要靠股市。

在股市里如何学到赚钱的方法，是中国1.9亿股民迫切想知道的。《股票大作手回忆录》的序言里，讲了一个很有意思的实例，解答了这个问题：例子中不懂技术的"花"，短短三年多时间，从十几万元做到财富过亿，更牛的是她从股市再玩转到楼市，在北京买28套房，堪称"投资女神"！

在股市里，最常见的是两种人：一种人做中长线，忽略短期的波动，持股不动赚钱；一种人是技术派，在股市里根据技术趋势快进快出，频繁交易，几乎每天操作。这两种人哪一种更容易赚到钱？《股票大作手回忆录》里，技术一般的女投资者"花"和懂得技术的男投资者"神"的对比实例，投资的时间是从2007年4月到2010年年底。

"花"的投资从最初的十几万元最后到北京的28套房，价值过亿元，要是放到现在，资产价值至少翻5～10倍，即使当包租婆，也是名副其实的财务自由。

而男投资者"神"很失败：从几万元迅速变成200万元后，不知道收手，遇到了2009年沪指从6124点跌到到1664点，资金只剩下100万元。然后拿着100万元去做生意，生意失败，在股市里短线操作也很失败，最后回到了20万元的起点。

"书声说财经"研究发现，表面上看持股不动的"花"女神赢得了彻底的胜利，但实际上，女投资者"花"和男投资者"神"的输赢，不在于持股不动和短线技术的频繁操作，而在于"花"女神基本上看清了大势，踏准了股市和楼市周期的每一次波动。

复盘2007～2011年中国股市和房市的大背景，仔细分析一下两人的操作：

从 2007 年 4 月到 2007 年 10 月，这个阶段，正是股市大牛市的巅峰——从 2005 年 11 月到 2007 年 10 月底，是 A 股有史以来最长的一次牛市，沪指从 1067 点涨到 6124 点，所以从 2007 年 4 月到 2007 年 10 月可以说是大牛市的巅峰，尤其是 2007 年 6 月从 3802 点涨到 10 月的 6124 点，这期间"花"持股不动，从十几万元做到 70 多万元，翻了 5 倍，收益率可以说不错；但是男"神"的收益是从几万元做到 200 万元，翻了几十倍。收益基本上是"花"的 10 倍。这充分说明懂得技术，操作正确还是比持股不动收益要高得多。

两人的区别在于，投资女神"花"看清大势，在牛市泡沫顶点，在 2007 年 10 月也就是 6124 点附近及时撤退，而男"神"没有及时退出。结果股市泡沫破裂，一路下跌到 1664 点，这时，"花"女神应该再次抄底：因为反弹到 3000 点时，她的账户已经从 70 万元到 1400 万元，这期间持股不动，让她赚了 20 倍。因为 1664 点的时候，是人们最恐惧的时候，遍地都是 160 元的贵州茅台，20 元的五粮液。而反弹行情短线是不好做的，所以男"神"最后只有 100 万元。

随后，赚了 20 倍的女神"花"，坚持到了 2009～2010 年，那时候由于 2008 年全球经济危机，加上国家 4 万亿元投资的大刺激，股市又是一轮强势反弹，所以"花"的资产又翻了 7 倍：从 1400 万元翻到了 9990 万元。

更厉害的是，她选择在这个股市反弹顶点开始退出了：从股市里套现 8990 万元在北京买了 28 套房子。而从 2011 年开始，北京的房价因为市场化改革，一路飙升，当时北京二环里的房价涨了 5～10 倍，不少学区房甚至涨了 20 倍。

从上面的两个例子可以看出：对价值投资而言，看清楚大势有多重要。现实中，在过去的 20 年，确实有很多人在中国的股市和楼市的周期变化中踏准了节奏，实现了财务自由；而那些踏错节奏的人，则是埋单者。"书声说财经"的身边也有很多这样的例子。

看清大势，就是要看清股市由牛转熊的一些信号。股市也好，楼市也罢，都不是一天由牛转熊或者由熊转牛的。这些信号要结合资金面、政策面、交易情绪面去复盘分析。股市牛市或者熊市，都有一些明显的市场信号，基金也一样。

"书声说财经"在前面介绍了一些强势基金和股票的细节标准：表现强于指数的板块，表现强于板块的个股。

根据 A 股的实践经验，总结 A 股市场的一些强势股的涨幅，还有一些细节规律：

可以将股票分为以下四种：

妖股：一波拉升涨幅10倍以上的股票。

超强势股：一波拉升涨幅5倍左右的股票。

非常强势股：一波拉升涨幅3倍以上的股票。

强势股：一波拉升在1倍以上的股票。

散户在选择股票的时候，尽量选择强势股，而一波上涨50%都不到的股票就不用看了。

认知A股，是所有想在股市赚钱的小白要做的第一步。想要赚钱，你就要正确认知股市、股票和基金，还有价值投资。如果你搞懂了股市，无论牛市、熊市，或者震荡市，都有赚钱的机会。

A股目前总市值只占GDP的60%～70%，还属于不太成熟的资本市场。目前，A股市场是以散户投资者为主的偏融资市场，重融资而轻回报，这意味着风险较大。所以，监管部门把"股市有风险，入市需谨慎"刻在股市的"大门"上，可是偏偏很多人被赚钱冲昏了头脑，对这十个大字熟视无睹。

有的人说，买股票风险大，那买基金好了。但实际上，收益率高的偏股票基金，本质上也是股票，只不过是你花钱请基金经理来帮你买股票。

根据我国相关证券法律规定，基金经理和证券从业人员自己是不能买卖股票的，所以多数基金经理，相当于拿散户的钱买卖股票。股市是实战性很强的领域，这就好比自己不能下水游泳，如何能在股海里遨游？所以散户买基金有时会出现各种各样的问题：多数基金经理也得看天吃饭。行情好时，基金抱团，就是顶流明星基金经理。一旦大势不好，抱团瓦解，就会被基民骂死。当然，这么说不是否定基金经理的专业性，只是说了一个基本事实。

在A股市场买股票和基金投资不一定有回报，而且会被很多人认为是"不务正业"。因为基金回报率太低，亏钱的人太多。比如，2022年9月全球股市暴跌，A股的基民真是欲哭无泪，而且下跌趋势，定投或跌了加仓只会亏损更多。

2022年9月基金下跌排行榜：下跌第1名，恒生科技：9月暴跌17.91%。下跌第2名：恒生医疗，9月暴跌16.67%。下跌第3名：锂电池，9月暴跌12.66%，下跌第4名：新能源车，9月暴跌11.78%。跌幅超过10%的板块还有券商基金，跌幅 11.72%，比半导体板块还多，很多大 V 忽悠散户满仓大金融，满仓券商，最后被套。

总的来说，在 A 股价值投资也是一项有中高风险的理财行为，买基金也一样有风险。

那些所谓定投 10 年，买指数基金等可以实现财富自由的言论都是谎言，除非恰好股市有行情，牛市买基金才赚钱。

对一个股市而言，无非有三种状态，牛市、熊市、震荡市，A 股股市牛短熊长，这是多数股民和基民亏钱的重要原因。

最近几年，随着证券市场注册制改革，还有全球央行放水，加上各类基金的发行，以及社保基金的加入，A 股市场参与者发生重大变化，震荡市场的时间变得很长，这就是股民说的 10 年还是 3000 点。A 股到了 2023 年 1 月还在 3200 点附近震荡，震荡区间 2800 点到 3700 点。

这跟美股 13 年的长牛不一样。美国股市一般是牛长熊短，赚钱很容易，投资回报率高，所以才实现了良性循环，也诞生了巴菲特那样的股神。

一些基于美股牛市的投资理论，比如，价值投资、定投、投资指数等，在 A 股就不一定赚到钱，需要结合 A 股实际情况修正，在后面章节会详细介绍。

另外，在 A 股还有一个特点：散户实际上没法做空，理论上有融券功能，但实际上根据的实战经验，散户往往券源不足，融不到券。"书声说财经"跟一些券商营业部的负责人聊过这个问题，他们表示，基本上资产 200 万元以下客户难以融券，融券都是给大客户准备的"福利"。

也就是说，机构和大户可以融券做空，对冲风险，收割散户。所以，散户的处境在 A 股很不好，只能买涨赚钱。

牛市、熊市、震荡市场各有不同的战略，震荡市场尤其难以把握，吃大肉后躲大跌，躲大跌后抄底吃大肉，需要把握好短线节奏。

对股市有一个基本认知后，我们再客观认知一下参与 A 股市场的主体：截至 2022 年 4 月底，我国公募基金资产净值合计为 25.52 万亿元人民币。按照往期比例，大约 25% 的公募基金投入股票，大约有 6 万亿元股票规模。

截至 2022 年 4 月末，存续私募基金管理人 24 622 家，管理基金规模 19.97 万亿元，按照 30% 算，大约有 6 万亿元股票规模。

社保基金有3万亿到4万亿元规模。

各种养老基金大约有1万亿元规模。

北上资金整体规模目前约占A股总市值的2%～3%，总体持股市值约为2.15万亿元。

散户持有的市值大约是A股总市值的25%，大约20万亿元，但每年交易量占80%。

2022年上半年，A股每天的交易量大约为1万亿元，市场不差钱。

总体来看，整个A股市场目前大约由6万亿元公募基金、6万亿元私募基金、3万亿元社保基金、2万亿元北上资金外加20万亿元散户资金构成。

在货币基金和债券基金等收益持续下降的趋势下，在400万亿元房地产市场资金流出的情况下，A股理论上还有很大的发展空间。

分析清楚了市场主体后，也就不难看出，为什么多数散户会亏钱，因为股市本质上是一场博弈，而散户博弈的对手是专业机构和华尔街那些国际操盘手，还有社保基金和养老金的操盘手，他们对国家政策有详细的了解，会快人一步。所以，散户如果想赚钱，只有多读书，不断学习和实战，让自己变得更加专业，否则很难有胜算。搞懂当前股市处于什么市场后，不同的市场就可以采取不同的战略。

牛市买股票和基金，就可以持有不动，熊市空仓休息，震荡市场就要躲大跌后再吃肉，吃肉后躲大跌。而且，无论何种市场，选择上涨趋势的强势板块和强势股，收益会远远高于指数，图1-4以新东方在线为例。

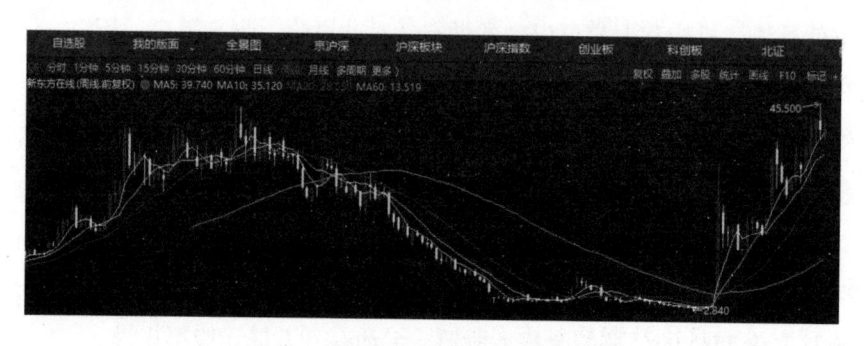

图1-4　2022年新东方在线股价屡创新高

当然，市场上一些股票，有的只是炒作概念，有的是价值投资。炒作概念的股，容易暴涨暴跌，而基金抱团的价值投资股票，一般拉涨周期较长。

不管是股票还是基金，最佳的选择当然是强势股的强势阶段，这样赚钱的概率最大，而亏钱的概率最小。

财富大变局中，不要浪费投资市场的每一次危机，大多是暴富的机会！比如，最近两年国际原油市场的投资，周期价值投资国际原油两年就有 20 倍收益：2022 年国庆假期国际原油又暴涨了近 20%，恢复到 90 美元上方，而 2022 年最高价 130 美元，远远高于 2020 年 4 月的最低价 6 美元。短短两年时间里，涨了 15 倍。

所以，把握好周期，买的价格足够低，每一次危机和暴跌，都是抄底的好机会。因为原油的正常价值就在那里，价格越低，越是抄底机会。

这就是周期价值投资，当别人都绝望时，你可以适当贪婪抄底，长期持有；当别人贪婪时，你一定要正视恐惧，在高位落袋为安。

## 第六节　巴菲特的价值投资神话可以复制吗

巴菲特的价值投资神话在 A 股可以复制吗？掌握正确的投资方法，把握住市场机会，也是可以的。

巴菲特的投资在中国有两个神话：一个是价值投资，一个是投资指数基金。这两个神话都得益于美国股市近 90 年的"牛长熊短"。

1930 年，巴菲特生于一个交易所经纪人的家庭。大家都知道，1929 年经济危机后，美国就再也没有发生过股市崩盘，即便是第二次世界大战期间。后来美国股市虽然有过大跌，但多数时候没有系统性风险。

巴菲特的成功很大程度上归功于美股最近 90 年的"牛长熊短"。现在中国的"95 后"和"00 后"年轻人，喜欢理财，这是好事。喜欢买基金，也是好事。但很多年轻人预期每年投资的年化收益率 20%，就不是什么好事了。说实话，这届买基金的年轻人是幸运的，很多人出道即是巅峰，遇到了 2020 年的基金大牛市，很多人以为买基金赚钱很容易，以为"抄抄作业"，或者牢记跌了加仓，定投就可以买基金赚到钱，直到经历 2022 年 A 股大跌，才意识到原来买基金也有大风险，会亏大钱的。

A 股目前最大的实际还是偏向于融资市场，是不成熟的投资市场。一字之差，天壤之别，这意味着融资市场偏重于融资功能，成熟的投资市场才讲回报。所以不要期望太高，非牛市在 A 股买基金一年有 20% 的收益率就可以收手了，你就跑赢了 95% 的 A 股投资者，这就是现实。

当然，巴菲特长期价值投资比亚迪赚 18 倍，是可以被复制的。因为上市规则不同，中国很多价值投资机会在港股，港股里有一大批优秀上市企业，当年因为没有盈利不符合上市规则只能在中国香港上市。以比亚迪为例，比亚迪在 2020 年 10 月 29 日一度涨停，最高 166.76 元，港股也大涨。作为 10 月的大牛股，错过了比亚迪是很多散户心中的痛。很多 100 元上车的散户 120 元都被甩下车了，谁能想到巴菲特当年买入的最低价格是 8 港币，也就是不到 7 元人民币，后来在 14 港币时继续买入。在周期底部或者好企业成长初期买入，与企业共成长，这是价值投资之道。

巴菲特推荐买指数基金，这个价值投资神话在 A 股能否被复制？A 股的基民们要明白一点：巴菲特推荐的是美股基金，比如最近 10 年长牛的那种美国股市，买指数基金收益率是可以的；像 A 股这种 10 年了还在 3000 点附近震荡走势的，有没有投资价值，恐怕要打个问号。

指数基金，顾名思义，就是投资各种指数的基金。如果你想买科创 50、上证 50、中证 300 等指数基金，长线持有，自己简单算一算账就可以。

"股神巴菲特都推荐指数基金"，甚至还流传立遗嘱推荐买指数基金的故事，说投资指数基金收益率很好，这个问题不复杂：巴菲特大力推荐的是美国指数基金，你让他买 A 股指数基金试试。

2015 年 A 股指数曾经跌破 5000 点，2023 年 3 月不到 3500 点，不知道 2015 年买指数基金的老基民解套了没有？

当整个股市处于下跌趋势，没有行情时，指数基金照样会大跌，定投亏损更多，还是以 2022 年 9 月为例，指数基金跌幅榜创业板指数暴跌 11.4%，排名第一，前 3 名分别是：下跌第 1 名，创业板 50ETF，9 月跌 11.4%，因为没有增量资金，创业板 50 都是基金抱团的大盘股，杀跌很厉害；下跌第 2 名：中证 1000

指数，9月下跌9.73%，这说明9月中小盘股杀跌也很厉害；下跌第3名，科创ETF，9月下跌8.73%。另外，沪深300跌幅6.59%，上证50跌5.39%，散户如果定投，亏损更多。

有关指数基金的真相是：指数基金也是成分股票，选取的样本股票，股市没有行情或者处于下跌趋势时，买指数基金也会亏钱。只有像美股那样的10年长牛市，投资指数基金才赚钱。

还有人说，买指数基金，长期投入，A股总不可能一直都是3000点。你投资是为了赚钱，放10年，股市从3500点跌到3000点也是有可能的。

很多人还说，3000点时买，3500点卖出不就赚钱了吗？这些都是狡辩，每天下跌的时候，散户心态极差，尤其是损失到本金的时候。散户如果知道股市什么时候处于3000点，什么时候能涨到3500点，那投资就太简单了。关键是股市就是千变万化的，散户的投资心态也会经历煎熬、亢奋等多种变化，结果还是沦为追涨杀跌的韭菜，买指数基金也是一样，涨到3500点时，散户会觉得以后会涨到4000点。跌到3000点时，散户会想还会跌到2600点，赶紧割肉。

也就是说，做不好股票买卖的人，买卖指数基金同样亏钱。能做好股票的人，买指数基金就是鸡肋了，因为指数通常跑不赢市场上强势的股票。

当然，巴菲特的一些价值投资理念还是值得我们学习的：如何让自己变得更富有、更睿智、更快乐？这是很多人学习巴菲特投资的目的，甚至有人愿意花一千万美元跟巴菲特吃顿饭就为了求教。

2022年4月30日晚上，举世瞩目的巴菲特股东大会因疫情停了三年后再度开启，很多人到不了现场，就迫不及待去看直播学习巴菲特的投资宝典。

"书声说财经"之前在网络上看到一个笑话，2022年很多玩A股的散户学习巴菲特的价值投资，除了投资亏损70%，资产从100万元变成30万元以外，结果跟他没什么区别。

这充分说明A股和美股不一样，那些基于美股总结的价值投资经验，到了A股可能就是坑，所以"书声说财经"一直强调读书和学习金融知识要跟实战相结合，任何投资理论要跟A股实际相结合。最明显的区别就在于，美股10年长牛到了3万点，A股还在3000点附近震荡。

巴菲特说现金很重要，就像氧气。这个观点"书声说财经"非常赞同，2022年投资，无论如何，至少保持一半的现金抄底，有钱才有抄底机会，很多人过早抄底，3200点把子弹打光了，结果到了2800点却只能眼巴巴看着，恐惧绝望甚至割肉，2022年保持宽裕的"现金流"非常重要，比往年更重要，这也是巴菲特投资最成功的经验，他总有钱买买买，总会抄底。

巴菲特表示通胀条件下最好的投资就是自己。确实是这样的，任何经济危机，任何经济环境，你的赚钱能力是不会消失的，所以"书声说财经"一直强调粉丝要加强学习，多看好书学习专业金融知识，不仅是为了看懂市场在说什么，更是为了投资自己，提高自己的认知能力，通过认知变现。

当然，这不代表巴菲特永远正确。巴菲特在2022年第二季度亏损近3000亿元，散户如何价值投资：买在高点，"股神"也会变韭菜！试问，散户朋友2022年炒股或者买基金亏损了几万元？别灰心丧气，看看巴菲特，即使买的是美股，照样在2022年第二季度亏损437.67亿美元，折合人民币2900亿元。所以，价值投资的股神，买在最高点，也会变韭菜。搞价值投资，不学会择时是不行的，不躲大跌巴菲特买美股也损失惨重。

因为2022年第二季度明显美联储要大幅加息，美股泡沫破灭，这时候对散户而言，最好躲大跌后再吃肉。

当然，有人会问巴菲特为什么不跑？因为巴菲特是大机构、大资金，他跑的话，谁接盘？那会亏损更多。而且，巴菲特永远有钱加仓。散户就没有可比性了。

所以，资金量不一样，采取的策略也不一样。散户进行价值投资不能与机构的价值投资一样，要先躲大跌后再吃肉，这样才双倍快乐。而巴菲特一个季度亏损2900亿美元，他毫发未损，散户一个季度亏损29000元人民币，就心疼得要命。

总体来看，散户进行价值投资，不仅要择时，还要预判股票趋势，下跌趋势，股票高点都不要下手。要先控制好风险，躲大跌后再抄底吃肉，除非你有无限的钱加仓。

所以，我们大可不必神话巴菲特，要将他有用的投资思想实践于A股，根据A股的走势来顺势而为，一旦遇到牛市机会或结构性牛市行情，就会实现财富自由。比如投资白酒板块，散户如果2016年开始价值投资贵州茅台，到2021年高点抛出，5年10倍的投资收益多么可观。

## 第七节　做好合理的价值投资规划：
　　　　　穿越牛熊，快乐投资，快乐生活

投资心理学也是每一位股民和基民的必修课，"书声说财经"一向提倡快乐投资，快乐生活。

有的散户之所以亏钱，就是因为心气极高，心态极差，一旦亏钱就心态消极，结果越亏越多，最终形成恶性循环。

其实，投资是一件非常快乐的事情。暂且不说一买一卖动动手指就能赚到钱的快乐，那种自己的预判被市场证明的高级快感，确实让人产生智力上的快乐和心理上的满足。

目前，居民常见的投资产品有房子、股票、股票基金、货币基金、国债、保险、信托等。记住一句话，收益率越高，风险就越大，基本上收益跟风险成正比，当前市场理财产品都不保本，风险自担。

2022年，因为"房住不炒"国家政策的出台，房子已经几乎失去了投资价值，货币基金的年化收益率随着央行降息跌到了1.3%左右，国债等无风险利率收益也只有3%左右，不少投资房地产的信托产品也有风险，收益还不高。黄金价格也因为强势美元"跌跌不休"，从2000美元高位跌到1600美元附近。

2022年居民理财收益普遍不理想，有的"网红"私募基金大跌了40%，2000多只银行低风险理财产品亏损，国债收益率降低。散户买的基金和股票也亏损，那么2023年如何配置理财产品？从2023年年初开始要有个中长期规划了，"一年之计在于春"。

散户投资还是要牢记那句话：高收益高风险，低风险低收益，多学习提高认知，选择适合自己的理财产品就好。各行各业赚钱本来就不容易，金融赚钱更不容易。

2022年，美联储开启加息周期，俄罗斯和乌克兰战争影响全球金融市场，居民理财的主要方式是银行存款以及股票、债券、基金等投资。

2022年居民各种理财收益率都不太理想，赚钱太难了。储蓄国债（凭证式）三年期利率为3.35%，五年期利率为3.52%。原本以为不会亏损的低风险银行理财产品，2022年很多也出现了亏损。

2022年，即使一些低风险的债券基金和债券理财，也会连续好多天出现亏损，亏损金额最大的一天，可抵过去几个月的收益。原来还赚钱的，到2022年年底可能已经缩水了大半。

数据显示，2022年除了股票、基金外，很多低风险的银行理财也出现亏损，包括国有大行理财子公司、股份制银行理财子公司、城商行理财子公司、合资理财子公司等各类金融机构。

银行低风险的理财产品2022年为什么会出现亏损？如果去问银行，银行客服会告诉你原因——"理财新规"，可以跟你说一大堆下跌的理由，但是你的钱已经亏损了。什么是"理财新规"？2018年出台的"理财新规"给投资者带来的最大变化，就是从此和银行理财产品承诺的类似于"保本保息""零风险"等告别，一切要自负盈亏。

银行过去的保本理财产品，以及现在的低风险理财产品、"固收+"理财产品，通常来说，都是以债券、票据等作为主要底层资产来搭建"固定收益"的基础，然后是股票——作为补充。2022年固收类产品的收益率一般为2.6%，想要达到预期3%～5%的收益，需要配置一定额度的中高风险产品。但很不幸，2022年下半年的债券市场也下跌，所以银行很多低风险理财产品出现亏损。

在"理财新规"实施前，银行不让居民们看到"+"这部分波动，投资者的体验感很好；"理财新规"实施以后，这部分波动则比较明显，不是只涨不跌，大家持有体验就变差了。所以，有些人购买银行理财产品只盯着收益率，并不知道银行把自己的钱投到了哪些资产中。如果想赚钱，以后要多学习，了解自己购买的银行理财产品结构以及理财产品的底层资产状况，要明白银行理财产品不等于固定收益产品，更不是"稳赚不赔"的。这样才能知道它究竟意味着怎样的风险收益比，才能知道它是否在自己的心理承受范围之内，从而选择适合自己的理财产品。

而一些私募基金，也是高收益高风险，有些网红私募基金经理本来水平不高，股市不行了，连躲大跌都不会，私募基金亏损当然更严重。2022年很多私募基金经理向基民道歉的新闻层出不穷，但道歉有用吗？基民的钱已经实实在在亏损了。

目前市场上真正具有价值投资的还是股票和基金。居民如何做好资产配置？股票、基金占比在30%左右比较合理。另外，房子、美元、黄金、货币基金、现金等配置也应该维持一定的比例。

做好合理的投资规划后，就要快乐投资，快乐生活。

重点说一说股市和基金。股市就像一场修行，投资者要不断提高自己的水平，不断总结经验和教训，快乐投资。

"书声说财经"提倡"快乐炒股，快乐生活"，不融资，不借贷，不加杠杆，炒股本金最好不超过家庭可支配收入的20%。"书声说财经"过去有一个投资习惯，就是每个月固定投入20万元，每个月的小目标是实现20%的收益，然后到了月底，把盈利的一半转出去。这样做的效果非常好，心态比较稳，也不会影响生活和工作。行情好时，每个月的小目标基本上都能实现，大势好的时候每个月的收益率甚至有50%。

前面讲过真正搞懂股市的人，会发现股市很有趣，自己的预判被市场验证是对的，又从股市赚到钱了，那是一种高级的成就感。

股市如人生，永远属于天性乐观积极向上的人。股市里不缺乏尖酸刻薄之人和悲观主义者，尤其是股市下跌时。

股市永远属于那些搞懂股市的人，你搞懂了，想通了，逻辑对了，预判对了，赚钱只是自然的结果。

股市属于那些热爱研究的人，对了就总结赚钱经验，错了就总结亏钱教训，避免下次犯同样的错误。下次有成功的机会及时抓住。

大势弱时散户要把风险控制放在第一位，因为一旦犯错误就是大错，亏损严重，比如追涨停，那很可能亏损40%。

少犯错误、躲过大跌、轻仓，这是在大势弱势震荡时保持本金不亏损的三大法宝。

说实话，如果仓位重了，每天都跌，没有哪个散户会有耐心和信心，因为是自己的钱。所以"书声说财经"一直强调，散户要学会躲大跌后再抄底吃肉。

在 A 股大势较弱时，还有一种控制风险的策略：尾盘交易法，大势弱了，就采用尾盘交易法，避免盘中追涨或抄底被套：看好的股票或者场内基金，尾盘 10 分钟或者 3 分钟买入，第二天如果符合预期，就多拿几天，否则就高抛。

有时候，市场缺乏赚钱效应，散户怎么操作都亏钱，那就不是你的问题，是市场太弱的问题。连续操作三次都亏钱，就应该果断休息。

预判错了，散户要么立即止损，要么看看能否补救。在大势好时，一般是可以通过高抛低吸回本的。

在股市，最好的状态就是赚多亏少，将损失降到最低，尽可能多赚钱。

在控制好风险的基础上多赚钱，不断汲取亏钱教训和总结赚钱经验，你最终会穿越牛熊，笑傲股市。

对股市有了上述基本的认知之后，我们一起遨游在价值投资的海洋，探寻财富自由的密码。

## 第二章　价值投资的历史与发展

变化是股市永恒不变的法则。与股市永远处于变化中一样，价值投资的理念和方法也是不断变化的。

从1934年格雷厄姆和多德创立了基本面分析开始，价值投资的理念，就从华尔街走向了全世界，不断发展和完善，成了全球投资者必须学习的经典投资方法，也是普通散户从股市里获取财富的重要方法。

人们渴望从瞬息万变的股市波动里找到一些确定的规律。从股市非理性的繁荣里面找到一些理性的规则和大家都能接受的规律。

华尔街没有新鲜事，股市很多昨天发生的事情，今天也会重复发生。所以，价值投资最终作为一种成功的经验，在世界上广为流传。

在美国长久的牛市中，巴菲特、芒格等价值投资者不断被"神话"，价值投资在全球的信徒越来越多，在市场上的影响力也越来越大，逐渐成为一种主流的投资理念。

但很多A股的散户对价值投资的理念搞不懂，也有很多错误的认知，加上从2021年开始，一些价值投资的股票大幅下跌60%～70%，这使散户对价值投资有一些误解。对A股而言，牛短熊长，散户价值投资者并没有轻松获得预期的收益，很多人反而因为价值投资亏损，于是他们说即使巴菲特来A股也会亏得退出股市。

这说明巴菲特的价值投资理念，散户感觉水土不服。因为价值投资需要结合A股的实际去理解和运用，这也是"书声说财经"一直提倡的投资观念。

不然，你就无法解释为何像三一重工、格力电器等A股的白马股，在短短一年时间内，就走出了"A"字杀的走势，"书声说财经"形象地将其称为"人"字形走势，教散户做人，如图2-1所示。

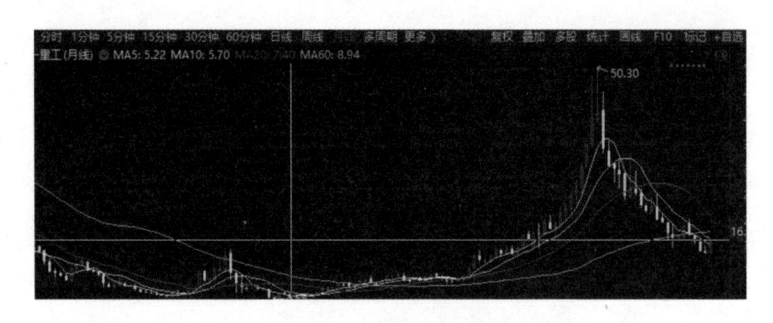

图2-1 三一重工的月K线

因为美股牛长熊短，A股牛短熊长，散户当然难以套用美股里赚钱的价值投资方法来A股赚钱，无论是买股票还是买基金，散户本质上买的都是股票。

其实，价值投资的方法不是没有用，它就像一个削苹果的刀子，你要真正搞懂它，知道怎么用，何时用，这才是赚钱的关键，而不是用刀去划伤自己的手。

价值投资本身也在变化过程中：

一是随着股票价格变化和趋势而变化。股票价值的大小随着股票价格的变化而变化，160元的贵州茅台和2600元的贵州茅台，价值投资的价值也是不一样的。

二是随着公司经营环境变化而变化。随着商业周期或者经济周期变化，比如从盈利到亏损，价值投资的价值就不一样了，比如腾讯控股从4港币时的破发，到700港币的王者，那价值投资的价值也不一样。

周期价值投资，也是一种重要的价值投资方法。这种价值投资多是在周期底部买入，然后改善管理，长线价值投资5～10年，然后在顶部卖出。每一笔投资，回报率会有5～10倍的收益，甚至百倍收益。

周期价值投资，一般是在周期底部别人都不敢买的时候买。核心优质资产，在周期底部也不好出手。这种投资理念里也包含价值投资的一些金融常识，比如财报要分析哪些因素，怎样判断一个公司的价值，投资人如何并购重组和杠杆收购。

三是随着时代发展和新公司的估值价值也会发生变化。比如从最初的评估资产的盈利能力、现金流、市盈率等，到看品牌的价值投资，专利技术护城河，特许经营权下的超额利润。科技股和互联网公司的估值，从最初看盈利能力到看营收指标等，从看财务指标到经营统计数据，考查的价值指标都不一样。

典型的案例如新经济里的一些独角兽或者创新型公司，即便连年亏损，很多估值也不低。比如"蔚小理"等造车"新势力"公司等。

2023 年，A 股股票全面注册制实施，"书声说财经"将与投资者朋友一起抽丝剥茧，走进价值投资的森林，一起挖掘其中的宝藏。

## 第一节　为什么要坚持价值投资

散户为什么要坚持价值投资？原因很简单，坚持中长线的价值投资，是散户从股市里赚钱的为数不多的方法，尤其是 A 股 2023 年开始实施股票全面注册制。短线技术赚钱的人很少，亏钱的人太多，因为股票交易的本质是主力和散户的博弈，主力有资金优势，想拉涨就拉涨，想砸盘就砸盘，在这种情况下，散户赚到钱的概率几乎为零，散户的资金和交易心理都处于弱势，一场强者和弱者的博弈，弱者能赢本来就不符合自然法则。

任何人投资的目的不是跟股票和基金谈恋爱，而是要赚钱。散户买股票是如此，买基金更是如此。基金经理是坚持价值投资的，因为大资金并不像散户那样"船小好掉头"。而且基金经理在基金回撤时，总会拿价值投资来安抚散户，即使这样，散户为什么还是不赚钱？

先说股票，股票的投资从时间长短来说，一般分为短线、中线、长线，价值投资一般对应的是中长线。

如果是短线交易，投资者必须付出大量的时间和精力。当天买，第二天就想着盈利，这种心理赚不到大钱，追涨杀跌即便是牛市，也很难赚到钱，因为 A 股是"T+1"交易，当天买，第二天才能卖。

一般 A 股有一波持续上涨的行情，散户才有可能赚到钱。股市的埋雷和坑比较多，散户一不小心就跳进去了。而且频繁换股，赚的钱可能连手续费都不够；一个月靠这点运气赚到的一点儿钱，说不定两三天就亏回去了。

A股散户的现状一般是"一赚二平七亏"，就是因为他们不懂得如何控制仓位和风险，喜欢满仓追涨杀跌。

有的人每天频繁短线交易，简单算一笔账：每笔交易的费用包括印花税、过户费、券商佣金和其他费用等，印花税一般按照成交金额的千分之一向卖方收取，登记过户费按照0.6%计算，券商佣金一般是万分之一到万分之三，最低收5元。以10万元资金为例，每天交易费就在30元左右，一年交易费就是几千元。

老股民都知道，散户炒股一般会经历三个阶段：

第一阶段：满仓追涨杀跌。大多数散户都"死于"这个初级阶段，账户的本金越来越少，最终因亏损严重退出股市。

第二阶段：学会关注消息，基本面分析，懂得控制好仓位，但不停换股短线交易，最终赚少亏多，或者亏损几次就血本无归。

第三阶段：高级阶段，短线控制好节奏，中长线赚多亏少，这样就可以赚钱了。

对短线交易而言，散户只有在大势强势的右侧交易，选对主力强势股，有持续性的行情，才能赚到钱。

根据"书声说财经"对近千名粉丝的了解，短线技术好的人，每天频繁交易、换股，也是很难赚到钱的。短线交易，哪怕你做对了9次，有时候做错1次，利润就有可能归零。这就是股市的残酷之处，赚钱很难，亏钱很容易。更何况，普通人的预判准确率很难达到50%。

中长线价值投资相对简单，在低价买入，长期持有，上涨卖出，这是最易操作、最简单的方法，但也是股市比较有效的赚钱方法之一。

以后价值投资将成为市场主流。"书声说财经"创立的"长线看价值，中线看波段，短线看节奏"的价值投资方法将成为A股的最佳战略选择。

价值投资的基础是基本面分析，可以使散户避雷。随着注册制在股市全面落地推行，退市的股票越来越多。价值投资可以帮助散户躲避大坑。

优秀的基本面，一般可以避免退市风险。散户要远离那些出问题的公司。因为"厨房里永远不会只有一只蟑螂"，出现一个问题，就说明这家公司隐藏有一连串问题。

如何确定公司的投资价值有很多指标，比如市盈率、现金流等指标。还有人专业学习去看财务报表，但这种投资方法不适合一般散户。

回顾"书声说财经"的赚钱之道，"长线看价值，中线看波段，短线看节奏"，比如2020年的小米公司，2021年的比亚迪，2022年的新东方在线，这些公司的股票让"书声说财经"最高获得了700%的收益率。

对基金而言，也需要坚持价值投资。因为基金的回撤，是一件很正常的事情，需要中长线价值投资，才能赚到钱。如何挑选优质的基金价值投资，"书声说财经"会在后面的章节里详细谈到。

长中短线结合的价值投资，本质上还是价值投资，只不过更适合于A股和散户。那什么样的价值投资对散户才有用呢？

价值投资者最常见的就是基本面分析，主要考查指标有股本回报率、每股收益的增长率、销售额增长率、资产增长率、利润率等，从而实现公司的估值。

其实，一般散户打开券商App就可以查阅到上市公司市盈率、市值、每股收益、每股净资产、每股未分配利润、每股经营现金流、净资产收益率等情况，也就是公司简况。还有总股本、机构投资者占比、前十大股东占比、资产负债表等。

这些指标是考查一个公司相对好坏的指标。比如，市盈率反映了在每股盈利不变的情况下，当派息率为100%，并且所得股息没有进行再投资时，经过多少年投资可以通过股息全部收回。比如，一只股票市盈率为20，简单说就是通过分红20年回本。

一般情况下，一只股票市盈率越低，市价相对于股票的盈利能力越低，这表明投资回收期越短，投资风险就越小，股票的投资价值就越大；反之股票的投资价值就越小。

但是光看市盈率，对于A股来说意义不是很大，比如银行板块和券商板块，市盈率很低，但就是股价不涨。银行股下跌的主要原因：房地产行业持续低迷，银行主要利润来源受损。众所周知，房地产是各大银行的主要利润来源，恒大等房企危机虽然暂时解除，但引发了投资者对银行坏账的担忧；经济下行时银行利润堪忧，还要让利万亿，加之从业人员薪酬过高，金融行业成本居高不下；IPO过快，市场资金不足，成交量萎缩，导致银行股少有人问津。加上一些大股东经常减持，所以 2022 年银行股很难大涨，一路下跌。

市盈率也是动态的，随着股价的变化而变化。2015 年年底茅台市盈率 17.04 倍，2016 年年底茅台市盈率 25.37 倍，2017 年年底茅台市盈率 36.15 倍，2018 年年底茅台市盈率 23.29 倍，2019 年年底茅台市盈率 36.31 倍，2020 年年底茅台市盈率 54.47 倍，2021 年年底茅台市盈率 51.99 倍，2022 年 6 月底茅台市盈率 46.08 倍。

所以，基本面分析，每个人都容易学会，但在 A 股实际没有多大用处。

那么，什么样的价值投资才是有用的？这里介绍一种基金经理最常用的估值方法：看资产、盈利能力和利润增长。散户会经常看到券商的估值，盈利预测与评级，比如预计公司营业收入同比增长多少，归母净利润同比增长多少，合理 PE 估值，对应合理市值等，这些都是基于一个理想化的模型预测价值投资。

现实中，很多时候券商给出的目标价会被市场打脸，比如在贵州茅台 2600 元时看多到 3300 元。

随着市场主体中公募基金和私募基金的规模越来越大，价值投资已经不仅是巴菲特投资美股的神话，近些年在 A 股中基金抱团出现了一些大牛股，千亿市值甚至万亿市值的公司也层出不穷。

对于一些互联网公司或者创新能力强的上市公司，价值投资者关注的不是财务数据，而是经营数据和商业模式。因为这些公司往往亏损，但经营数据如果比较好，未来发展大有潜力，比如京东集团，曾经连续 12 年亏损。一些互联网公司通过补贴来迅速占领市场，然后大规模扩张，这是常见的打法。与好公司一起成长，还有周期价值投资，这是价值投资中散户可以借鉴的方法。

"长线看价值，中线看波段，短线看节奏"，本质上还是价值投资，只不过更适合 A 股和散户。散户和机构，无论是在 A 股还是港股、美股，很多时候是博弈的对手，所以散户需要的价值投资，跟机构所要坚持的价值投资是不一样的，有时甚至是相反的。当股市和板块下跌时，机构资金如果撤离，散户要跑得更快。举个例子，摩根大通在 2022 年 10 月 3 日大幅减仓赣锋锂业，持股比例降到 4.53%，在 A 股机构大股东降到 5% 以下就不用再披露减仓消息了。这时候减持锂电池股并不代表不看好锂电池公司的业绩，但如果机构先撤离，散户就要注意风险了。价值投资也要跟股票趋势相结合，散户与机构相比，交易优势就是前者跑得比后者更快，如果大机构持续减仓，就会面临大跌的危险。

## 第二节　与好公司和优秀企业家一起成长

对散户而言，价值投资最常见的方法就是与好公司一起成长。买股票就是买公司，这个道理谁都懂。如果散户想要获取长期的投资收益，就要寻找那些好的上市公司，并长期持有，分享其高于行业平均收益的成长复利，就是那些头部行业的头部公司。

正如巴菲特所说，如果你不想持有一只股票 10 年，那么你连 10 分钟也不要持有。

价值投资的理念来自华尔街，散户要清楚价值投资是长期与优秀的有价值企业共成长。持有这种价值投资理念最著名的是人们熟知的巴菲特，在中国有很多人模仿巴菲特，模仿成功了就成了大佬。巴菲特长期持有的可口可乐、苹果公司股票也给他创造了丰厚的利润。巴菲特最为中国人所熟知的是 8 港币买入比亚迪股票，涨了 30 多倍卖出。

在中国股市，最好的价值投资不是贵州茅台，而是腾讯控股。2004 年 6 月 16 日腾讯控股在中国香港交易所上市，一个月后跌破发行价 3.375 港币，到 2020 年时最高价在 600 港币附近，复权价格 3000 多港币，16 年涨幅近 1000 倍。散户要拿得住的话，当时买入 3 万元，高点套现就是 3042 万元，收益率妥妥地超过任何一个私募大佬。

"投资女王"徐新从 2005 年买入腾讯控股，16 年一股没卖，一有钱就加仓，最终收获 500 多倍的回报，她是这类价值投资的最成功案例，被称为"女版巴菲特"。

从 QQ 到微信，从公众号到小程序、视频号，腾讯不断推出很多划时代的产品，最终成为互联网行业的价值王者，也使投资这家企业的价值投资者获得了超额的复利。

徐新在腾讯上的操作很简单，有钱就买，一股不卖，长期持有。

从这里可以看出，选好企业，一是要选未来的赛道，选头部公司，选技术护城河高的企业。

中国经济高速增长的40年，涌现出了很多像腾讯、美团、京东这样的好公司，值得中长期价值投资。

由此可见，第一种价值投资有两个要点：一是好企业，二是散户要低价买入，长期持有。腾讯控股无疑是十分优秀的公司，散户要敢于在这些企业跌破发行价，很多人都不看好的时候入手，长期持有，这样市场最终会给你想要的财富增长。

这类好企业到哪里找？一般在港股，也就是说，第一种价值投资常在港股，原因是这些年，不盈利的好企业一般在港股和美股上市较多。

顺便说一句，这种价值投资考验认知，前提是你了解这家企业真的是好企业；如果你觉得A股的乐视网、暴风影音是好企业，全仓买入，几年下来，这些股票退市，你会是另一种悲惨的命运。

股市的财富，会源源不断流入那些能克服人性弱点和市场弱点的人，他们勤于思考，用专业知识赚钱。

高瓴资本创始人张磊说，价值投资不应简单看公司的收入、利润，真正值得关注的是它解决了什么问题，以及给社会和消费者带来的价值。

2005年，基于这样的理念，从河南驻马店走出的投资人张磊管理的基金也是重仓投资腾讯控股，他投资腾讯的估值收益涨了300倍。

由此可见，价值投资重要的方法是认知到优秀公司的价值，果断重仓，做时间的朋友。张磊管理的基金最近10年在A股不停投入，正是基于价值投资的理念，重仓的宁德时代、药明康德等都涨了10～20倍。

这类价值投资，其实就是与伟大格局者同行：一个人的格局决定了他能走多远，也决定了他是否能成功，决定了他创办的企业是否值得价值投资。

例如，张磊当初选择投资美团。张磊觉得美团创始人王兴始终坚持"互联网改变世界"的初心，"他是一个永远充满好奇心和爱思考的人，喜欢读书，爱问问题，学习能力极强"。而投资美团成了高瓴资本2020年的重大收获：美团的股价从最低70港币已经涨到最高445港币，涨了6倍多。投资美团成为高瓴资本投资腾讯控股后的又一个经典案例。如果散户 2020 年跟着高瓴资本投资美团公司，600% 的年化收益率会秒杀任何一位明星基金经理。

另一个例子是恒瑞医药，这也是高瓴资本价值投资的重要创新药公司，10 多年来坚持做创新药，构建了药物靶标和分子筛选、生物标志和转化医用平台。公司股价从 2016 年的 16 元涨到了 2021 年的 109 元，高峰时市值超 5800 亿元。

好公司具有成长性，因为股票本质是可以分红的有价证券，成长性越好，现金流越充裕，分红越多，价值就越高。在周期底部或者成长初期买入，与企业共成长，这才是价值投资的正道。走价值投资正道，与伟大格局者同行，多总结成功经验赚钱，多研究失败教训少亏钱，"投资的本质是认知的变现"。

## 第三节　　周期价值投资：踏准波谷和波峰

经济学里，有一个常用的概念，叫经济周期。很多行业，都是周期性行业，比如房地产、有色金属和钢铁行业。股市投资也一样，也有一种价值投资，叫周期价值投资，需要踏准波谷和波峰。

例如，"书声说财经"在 2020 年 9 月开始关注和买入周期底部的有色金属和钢铁行业。进入 11 月后，有色金属、钢铁板块、稀土等周期板块强势，黑色金属板块 15 个交易日 13 天上涨，非常强势，外资更是一路加大投入，不断加仓龙头股宝钢股份，北上资金持仓市值超过 70 亿元。北上资金号称是 A 股市场上的聪明钱，也是 A 股的风向标，黑色金属大涨，是因为国外操盘手真正懂得价值投资之道：在周期底部低价买入，等到周期顶部高价卖出。

最终，宝钢股份一路上涨，在 2021 年 9 月达到高点 11.47 元，较最低点 3.4 元涨了 3 倍。

2021 年钢铁板块大涨，资金炒的就是"碳中和"概念，行业利润开始好转。"碳中和"是"十四五"规划的重点内容，国家已经 7 次公开表态在 2030 年要实现"碳达峰"、2060 年实现"碳中和"。简单地说，我国会继续节能减排，而钢铁行业占到了全国碳排放总量的 18%，要实现这两个目标，必须压减钢铁产能。

学会价值投资，要提前预判周期复苏底部和顶部，长期拿住底仓，这些都不容易。

在股市你能赚到多少钱，取决于你的认知；你在股市里赚的每一分钱，都是你认知的变现，而看书是提高股市认知水平的最快方法，因为全面注册制后，知识就是财富，学会价值投资之道，是赚钱的关键。

"任何成功的投资取决于你对周期和价值投资的认知，最好放弃市场刚开始复苏的10%～15%的涨幅，以确保在恰当的时间买入资产。"苏世民从白手起家到掌管超5000亿美元的投资帝国，他在自传《苏世民：我的经验与教训》中详细阐述了周期投资理念和价值投资之道。

确实，真正的价值投资就是要在周期底部别人都不敢买的时候出手，比如贵州茅台每股由160元涨到周期顶部2600元，还谈什么价值投资？

要学价值投资的人，你要读懂顶尖投资者是什么认知和思维模式。苏世民的周期价值投资理念里也有金融常识，比如财报要分析哪些因素，怎样判断一个公司的价值，投资人如何并购重组和杠杆收购。

2012年酒鬼酒陷入塑化剂风波的时候，整个白酒板块没人买，贵州茅台每股不到160元，五粮液每股20元没人要。当时散户买入，很容易涨10倍。

2012年下半年，白酒行业突发"塑化剂事件"，贵州茅台股价受到重创。2014年1月8日，贵州茅台每股最低跌至118元。

但从2016年开始，白酒板块迎来"小牛市"，贵州茅台每股一路飙涨到2021年2月的2627.88元，总市值超过3.3万亿元。

经济学里有一个康波周期，最早的发现者是俄国经济学家康德拉季耶夫，1926年，他在分析了英国、法国、美国、德国以及世界经济的大量统计数据后，发现发达商品经济中存在一个为期50～60年的长周期。由于是康德拉季耶夫发现的这个周期，它被称为"康波周期。"

一个完整的康波周期是50～60年，其分为四个运行阶段：繁荣、衰退、萧条、回升。以创新性技术变革为起点，前20年左右是繁荣期，在此期间，新技术不断颠覆，经济快速发展；接着进入5～10年的衰退期，经济增速明显放缓；衰退期之后的10～15年是萧条期，经济缺乏增长动力；最后进入10～15年回升期，孕育下一次重大技术创新的出现。

踏准行业周期的节奏进行价值投资，也是价值投资的重要方法。

人生有低谷，有高峰，各个行业和企业也是一样的。如果能在低谷无人问津时买入低估值的好企业，在高峰众声喧哗中卖掉，那无疑是很成功的价值投资。

周期价值投资也是"书声说财经"一直在输出的投资观念。现在价值投资是A股主流观念。到2022年，我国公募基金规模超过26万亿元，私募基金为20万亿元左右，再加上社保基金3万亿元，外资几万亿元，价值投资已经成为市场的主流，如果散户还认识不到这一点，每天超短线操作追涨杀跌，长期来看在股市肯定赚不到钱。

还有一种周期价值投资，就是买ST摘帽概念股。市场上有时ST摘帽概念股连续涨停，因为这也是一种价值投资：都是优质企业，主营业务没有问题，核心资产也有价值；只是因为一时的经营问题和外部环境利空因素，导致业绩亏损，股价严重受挫下跌，再被ST，所以股价几乎跌到了谷底。那些因为主营业务出问题的ST股，不要去碰，一旦退市，就是踩大雷！

由此可见，真正的周期价值投资，也要选择优质企业，结合股票价格和技术走势去投资。在股票低价时买入，而不是追高；比如贵州茅台，散户在每股160元买入，这叫价值投资，等每股涨到2600元顶部时买，就叫高位接盘。

对于价值投资的股票，要长期持有，可以结合技术面去高抛低吸降低成本。价值投资的精髓在于顺势而为，不与趋势对抗。否则，像三一重工，一年时间，股价从最高49.7元跌到最低14.58元；格力电器，每股从最高65元跌到最低29元；小米集团，股价从最高36港币跌到9港币，美团，每股从最高460港币跌到100港币……明知道要大跌了不躲，却自断双腿，看着国际机构、私募基金、主力机构都跑了，散户会被伪价值投资骗了。

散户和大资金博弈，唯一的优势是跑得快。所以你看到媒体或者基金经理叫你老乡别跑，一定要头也不回跑掉。等机构他们也绝望了，再回去抄底也不迟！真正的价值投资，在A股和港股要结合股价趋势，下跌趋势要先躲大跌，不要跟趋势对抗，否则股票会用"人"字形走势教你做人。

价值投资要结合股票趋势去看，左侧交易，叫价值投资，比如贵州茅台每股从 160 元涨到 2600 元；等右侧跌到 2300 元时再鼓吹价值投资，那就是骗散户进去高位接盘。

真正的价值投资，是要结合股票的价格趋势的，如果股票长期趋势是下跌，那就先躲大跌。股市里赚钱，认知是基础，赚小钱靠实力，赚大钱靠时势和运气，两者都具备，赚钱只是自然的结果。价值投资在 A 股并不是持股不动，长期持有，当趋势逆转时，长期持有或者补仓散户会亏得很惨。

## 第四节　顺势而为，价值投资要与股票趋势相结合

2022 年，价值投资者遭受了重大的市场打击，市场上的白马股纷纷杀跌：金龙鱼，每股从最高 145 元跌到最低 40.93 元；三一重工，每股从 49.25 元跌到最低 13.88 元；长春高新，每股从最高 521 元跌到最低 130 元。

2022 年 9 月行情极端时，市场一天杀一只大白马股。很多散户跌了加仓或者抄底，损失惨重，为什么？因为他们没有搞清楚真正的价值投资。

真正的价值投资，是要选择优质企业，也要结合股票价格和技术走势去投资，要在低位买入，而不是追高；也不是拿着股票不动。当明显下跌趋势时，要先躲过大跌，再抄底吃肉。

散户价值投资，也要在股票低价时买入，而不是追高：比如贵州茅台，散户在 160 元买入，这叫价值投资，但到了 2600 元时买，那叫高位接盘。

"书声说财经"在前文中说过，最近两年一些玩 A 股的人学习巴菲特的价值投资，投入 100 万元最后账户只剩 30 万元，亏损严重。这充分说明 A 股和美股不一样，那些基于美股长牛总结的价值投资经验，根本不适合 A 股，所以读书和学习金融知识要跟实战相结合，任何投资理论要跟 A 股实际相结合。

看看巴菲特自己的投资业绩，2022 年二季度亏损近 3000 亿元。作为散户，2022 年炒股或者买基金亏损了几万元，别灰心丧气，你看看人家巴菲特买的是美股，照样在 2022 年二季度亏损 437.67 亿美元，折合人民币 2900 亿元。所以说，价值投资的股神，买在最高点，也会变韭菜。搞价值投资，不学会择时是不行的，不躲大跌巴菲特买美股也亏死。因为二季度明显美联储要大幅加息，美股

泡沫破灭，这时候对散户而言，最好也是躲大跌后再抄底吃肉。

巴菲特老爷子永远有钱加仓，但是散户就不行了。所以说资金量不一样，采取的策略也要不一样。

散户价值投资不能跟巴菲特的机构基金，要先躲大跌后再抄底吃肉，这样才能双倍快乐。而巴菲特一季度亏损2900亿元，他还是巴菲特，作为散户，你一季度亏损29000元，你就心疼得心脏病要犯了。巴菲特是搞私募基金的，亏钱了没钱了可以继续去市场募集，普通散户融资券商还要收取较高的融资费用。

所以说，散户做价值投资，不仅要择时，还要预判股票趋势。下跌趋势，股票高点都不要下手。要先控制好风险，躲大跌后再抄底吃肉。除非你跟巴菲特一样，有无穷的钱加仓。

在A股有一句老话，"新手死于追高，老手死于抄底"。一般A股都是"人"字形走势，教那些半山腰抄底的人怎么做人。比如，有的股票跌到200元时就有人说价值投资忽悠散户去高位接盘。结果跌到50元，甚至退市。

在大势不是特别好的时候，散户不要去碰爆炒过后下跌趋势的股票，因为价值投资也要结合股票价格和趋势去做，这是价值投资的常识。

回顾A股30多年的历史，中国股市牛短熊长，从来就不是只讲估值、基本面、逻辑、框架，一些白马股票走势也是主力拉高了卖给散户，散户高位接盘后满地狼藉。比如，贵州茅台，每股从160元涨到2600元，又从2600元跌到1500元，估值、基本面、逻辑都变了吗？三一重工，仅一年时每股从50元跌到15元，估值、基本面、逻辑都变了吗？中国原油，2007年开盘当天每股最高价48元，15年过去了，每股5.58元，估值、基本面、逻辑都变了吗？

在2021年到2023年，"书声说财经"曾复盘过4000多只个股，多数A股股票的周K线和月K线是"人"字形走势，专业的"A"字杀，股价如过山车。纸上谈兵，脱离A股实际讲美股牛市价值投资那一套，拿着股票不动，注定会被套亏钱，或者利润化为乌有。

所以，散户在A股不管是买股票还是买基金，价值投资都需要择时，要结合A股实际去"长线看价值，中线看波段，短线看节奏"，要考虑消息面、资金面、技术面、情绪面，散户要学会躲大跌后再抄底吃肉。

在 A 股，2021 年后的股市变化多端，各大板块震荡加剧。因为哪个行业赚钱都不容易。"长线看价值，中线看波段，短线看节奏"的股市分析逻辑和框架，一再被市场证明是正确的，无论是 2020 年，2021 年，还是 2022 年，从消息面、技术面、资金面、交易情绪面综合预判 A 股走势，也被股市证明是最准确的。把风险控制放在第一位的投资理念，也是最长久的，永远不过时。

散户在 A 股如何价值投资？如果自己不会选出价值投资的股票，那么可以向市场中优秀的投资人学习，"抄作业"。比如，在最近几年，高瓴资本在 A 股已经成为不可忽视的投资基金。高瓴资本创始人张磊最初管理耶鲁大学捐赠基金 3000 万美元，长期结构性价值投资，他的经验值得价值投资者学习。作为亚洲资产管理规模最大的投资基金之一，在 2020 年 A 股的结构性牛市行情里重仓股都大涨，比如锂电池的龙头宁德时代、家电的格力电器、美的集团、医药的恒瑞医药、白酒中的五粮液、光伏中的隆基股份、基建中的海螺水泥，都是龙头股。

散户可以每个月月初找到一只赚钱的价值投资股，做好中线波段，将短线技术和中长波段结合，低吸高抛，这是震荡市行情里赚钱的关键。总之，股市有风险，散户不碰任何下跌趋势的个股，持股不动或者买下跌趋势的个股，无论是否价值投资，都容易赔钱。股市里没有一夜暴富，有的只是认知变现。散户亏钱了不要找任何借口和理由，市场永远是对的，多反省自己的价值投资认知是否到位，操作是否正确。

## 第五节　长线看价值，中线看波段，短线看节奏

股市和股票"长线看价值，中线看波段，短线看节奏"，这种长中短线结合的价值投资方法，是"书声说财经"2021 年在全网首次提出来的，结合了 15 年 A 股实际情况和实战经验，适合牛市、震荡市、熊市，可以穿越牛熊。

很多股民和基民问如何在股市赚钱？在 A 股赚钱比较容易，前提是有正确的价值投资方法和良好的止盈和止损习惯。

"长线看价值,中线看波段,短线看节奏",其中,长线就是要选出价值投资的潜力赛道和强势个股,选好板块或基金;中线波段是适应震荡阶段,低吸高抛做好波段;短线看节奏就是靠复盘和预判技术,预判涨跌不需要百分之百准确率,准确率达到60%就能赚钱;甚至控制好仓位,准确率达到50%就能赚到钱,预判错误也不要紧,可以立即进行反向操作;然后要多实战和复盘,每天总结赚钱经验和吸取亏钱教训。

2020~2021年,"书声说财经"价值投资比较成功的"肉票"是比亚迪,节奏把握十分准确,实现了吃大肉后躲大跌,躲大跌后再吃肉的双倍快乐。本节"书声说财经"以2020~2021年投资比亚迪为例,来分享长中短线结合的价值投资方法。

具体来看,长短线价值投资的基础是价值投资:A股的基金经理多数就是学习外资和华尔街的那一套分析逻辑,也就是价值投资,所以,散户不学习搞懂价值投资,很难赚到大钱。

价值投资的核心是选择风口的好企业,还要在相对低估值时:特别是在周期风口上,选择好企业很关键。2020年9月,"书声说财经"选择比亚迪,就是因为比亚迪当时每股股价100元,估值才3500亿元,相对于海天酱油等酱油厂6000亿元估值,明显偏低;2020年12月,在比亚迪每股190元的时候也积极布局加仓,因为当时基金抱团股在风口。

要学会果断止盈。"书声说财经"以每股100元的价格买入比亚迪,为何在每股270元果断清仓?一是因为当时盈利预期已经达到了预期,股市高手之所以是高手,就是因为懂得何时止盈,也不贪最后一个铜板,达到自己的预期就好。"书声说财经"在比亚迪每股190元时继续加仓布局,当每股股价达到270元时,盈利实际上已经超过了50%,因为这期间还做过高抛低吸降低成本,果断在每股270元阶段高点撤离;第二个原因是根据一般做波段经验,一个慢牛的波段有50%的利润就会调整,所以要控制好风险。

吃大肉后躲大跌,躲大跌后再抄底。后来,比亚迪果然大跌,一直从每股最高270元跌到140元。当2021年5月比亚迪每股跌到140元左右时,很多散户心态就崩溃了,"书声说财经"坚定地看反弹,复盘分析底部就在130元到140元,因为当时比亚迪估值又相对较低,可以抄底。

总的来看，在 A 股做好价值投资，就是要"长线看价值，中线看波段，短线看节奏"：选好价值股低位布局，吃大肉后躲大跌，躲大跌后再抄底吃肉。因为基金和机构多，主力出货就是这样一个下跌过程：大涨之后不断下跌一直到散户绝望，再次反弹。

从以上的分析可以看出，股市赚钱并不容易，散户要深刻理解什么是价值投资，要懂得主力出货心理，懂得复盘技术分析触底反弹的信号。

散户要想做好长中短线结合的趋势交易，还要搞懂股市的一些基本常识：比如趋势，左侧交易，右侧交易，逐步加仓，试错成本等。

不管是一只股票还是一只基金，选择在不同阶段买入，结果就是赚钱和亏钱的区别，因为基金的本质也是股票。

所有股票都大致分为四个阶段：底部、上涨、顶部、下跌趋势。这是做中长线必须搞清楚的，基金也是一样的。

比如，2022 年 1 月，散户买基金，不管买什么，股市 2～4 月碰到下跌趋势，都会亏损 20%～30%，如果基金经理技术水平很差，甚至会亏损 50%。

2022 年 5 月和 6 月股市反弹，散户买基金就会赚 10%～30%，因为股市处于反弹上涨阶段。那么 2022 年 7 月股市处于什么阶段？如果散户认为是顶部阶段和下跌阶段，那么就要严格控制好仓位和风险。如果散户觉得还要上涨，那么下跌就是低吸机会。

散户为什么总是错过很多价值投资的牛股，比如比亚迪：比亚迪每股 50 元的时候，看好没买；后来每股涨到了 100 元，觉得太高了；再后来每股涨到了 330 元。这是因为没意识到 A 股大环境已经发生巨大变化，没有做中长线价值投资的意识。现在北上资金已经达到了万亿元以上规模，股票基金规模达到十万亿元以上规模，不少都是抱团取暖。在 A 股仅靠短线技术赚到钱的散户越来越少，赚到大钱的人更是凤毛麟角。所以，还是要有价值投资中长线操作的股，如果散户短线技术过硬，完全可以长中短线结合放大利润。

很多散户没有掌握中长线价值投资股票的方法和策略，总喜欢满仓，以"赌博"的心理买股票，这是不尊重和不敬畏股市风险的表现，能赚到钱的概率很小。

散户中长线价值投资，要用主力思维和操作方法：看好的股票要敢于建仓，逐步建仓，多数散户的操作习惯还有待改变；其实看好的股票先建底仓，判断错了就卖掉，亏钱很正常，做对了就选出大牛股，在股市里试错的成本是不能省的；特别是在年初，看好的股票要积极尝试建仓，选出一年布局的投资方向和强势主力个股。

从上面的例子可以看出，顺势而为是交易者必须遵守的操作纪律，不要跟大势相抗。因为主力也会顺势而为，一般在大势不好，拉不上去股价的时候，都会像利弗莫尔一样，开始砸盘低价卖掉股票。主力会在别的主力砸盘前跑掉，散户要在主力跑掉之前全身而退。

价值投资不应该违背投资经验和常识行事，违背经验和常识就会亏钱交学费。而股市的经验和常识就是：先搞清楚大势，大势好，加仓；大势不好，熊市来了，就要及时减仓。

止损和止盈一样重要，很多散户只知道止盈，主力一拉赚点小钱就撤离，下跌趋势也不懂得止损，最终被套牢。

股市牛市消失后，股民们都不再盲目买进了，股民的心态变了。不需要股价下跌，横盘一阵子，交易量变得惨淡，持续一段时间，股民们就会变得悲观，盘久之后还会继续下跌。这几乎是2022年9月A股的行情现实写照，当时A股成交量萎缩到了6000亿元左右，很多主板股票已经无人关注闪崩，风险加大。散户只有搞懂了主力的思维和操作，才能懂得顺势而为，才不会亏大钱。

在A股价值投资，还要完善交易模式：价值投资和盘面趋势相结合，对那些判断对的，主力进的强势股，稳定持有，甚至高抛低吸加仓做T吃干榨净；判断错的，不及预期，且主力又在出货的要及时止损。

在A股价值投资，还要选对板块，买的都是趋势向上的强势股：提前预判，选择市场上有价值投资的较强板块，再加上选的都是强势个股，股票走势基本符合预期，操作对了自然赚钱；把短线交易技术应用到长线中：在看清大势的基础上，中长线高抛低吸，几乎精准操作。

2023年2月1日，股票注册制开始全面启动，A股大环境发生变化，已经具备了做中长线价值投资的基础，想在A股赚大钱的人，要学会长中短线结合的趋势交易方法。

总之，散户要想赚钱，先搞懂长中短线结合的价值投资之道。学会价值投资理念，长短线技术相结合，保持一定的定力，看准一只股票，在相对低位建仓，低买高卖，中长线高抛低吸，这样主力对你毫无办法，运气好散户还能吃到天花板级别的大肉！这么做还有一个好处，就是股市交易心理也变好了，不再怕跌，不是追涨杀跌的韭菜思维，而是高抛低吸的主力思维，可以从主力嘴边抢肉吃。

# 第三章　价值投资的成功案例

2022年全球股市多数下跌，不管是美股、港股还是A股都下跌不少。经历了2022年的股票和基金大跌，因为亏钱，很多股民和基民对价值投资都多了几分怀疑的眼光。其实，这是因为没有搞懂真正的价值投资，没有学会散户的价值投资之道。

在过去10年，中国上市公司和GDP快速增长。2022年9月30日最新数据显示，A股上市公司数量达到4955家，总市值76.16万亿元，2022年突破5000家不是梦，已经成为现实。

要知道，在2012年，中国GDP仅为54万亿元，股市总市值才23万亿元；2021年GDP为114万亿元，A股上市公司的总市值为91.6万亿元。

A股涌现出一大批价值投资公司，包括腾讯控股、贵州茅台、比亚迪、宁德时代等，很多中国上市公司都跃上了万亿元市值的台阶，这是以前A股市场想都不敢想的事情，现在都变成了现实。

市场上也涌现出很多优秀的价值投资人，像张磊、徐新等，很多人是资本市场的受益者。

初步分享了长中短线结合的价值投资理念之后，"书声说财经"跟大家分享一下价值投资的成功案例，来验证适用于散户的价值投资之道。

## 第一节　腾讯控股：价值投资的1000倍复利奇迹

与优秀的公司一起成长，长期持有优质公司的股票，是价值投资重要的方法。其中，最典型的案例就是2004～2021年长期价值投资腾讯控股。

2021年2月，巅峰时期的腾讯控股，市值最高曾超过7.2万亿港币，是中国股市里当之无愧的王者公司。腾讯市值也一度排名全球第5位，在苹果、Alphabet（谷歌母公司）、亚马逊和微软之后。

这家2004年6月16日在香港港交所上市的互联网公司，每股发行价仅3.7港币，发售4.202亿股，募集资金仅15.5亿港币。开盘首日每股最高仅冲到4.625港币，涨幅最高25%，相比百度公司上市当天暴涨354%，这个涨幅显示当时市场并不看好腾讯。

如果你是一位短线交易者，跟A股很多中了新股的散户一样，开盘第一天就卖掉，那么当天在最高点卖掉收益25%，也应该很高兴。但如果你是一位坚定的价值投资者，你就会这样想：既然无法创业去开这样的企业，也无法入职到这样的企业，可以买它的股票，成为股东，去享受它的成长红利和复利，这正是一种最重要的价值投资方法：跟优秀的公司一起成长，不管遇到什么样的回调。

腾讯控股这样值得价值投资的公司也破发过，2004年7月26日，腾讯控股每股股价跌到了3.375港币，跌破了发行价。

从2004年7月的72亿港币市值到2021年2月7.2万亿港币市值，腾讯控股的价值暴涨约1000倍，如图3-1所示。

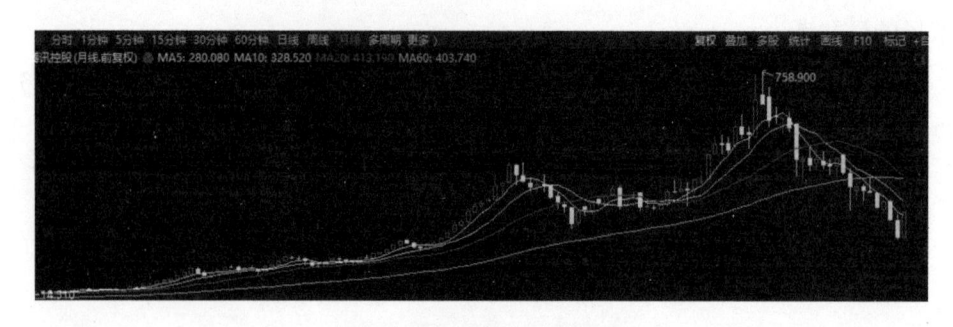

图3-1　腾讯控股的月K线走势

优秀的价值投资者徐新，上海滩名副其实的"投资女王"，坚信复利增长的力量，一路投资腾讯控股16年，平均获得了500倍的暴利。

而另一位优秀价值投资者张磊投资腾讯控股，是因为他到义乌小商品市场，摊主的名片上除了店名、姓名、手机号之外，还有QQ号。对此他的思考是："只要是为社会疯狂创造价值的企业，它的收入、利润早晚会兑现，社会最终会给予它长远的奖励。"他持有16年，收益300倍。

时至今日，腾讯成为中国互联网企业的代表，逐渐成了覆盖社交网络、互动娱乐、网络媒体、电子商务等的巨头公司，微信、公众号、视频号等还在创造奇迹。

所以，只要有发现的眼光，寻找到未来具有成长性的企业，坚定买入和持有，散户也会享受到时代和经济发展的红利。

从世界范围看，新科技的春天从未远去，5G、人工智能、大数据、机器人、生物技术等新技术日新月异，北斗开启全球服务，区块链等新技术加速落地，都在展现新技术变革的力量，给农业、医疗、金融等各行各业带来可喜的变化。

中国现在仅A股就有超5000家上市公司，以5G、大数据、人工智能、物联网为代表的新一代信息技术加速与制造业融合，曾错失前几次工业革命发展契机的中国正奋起直追，可以从中寻找有长期投资价值的优秀公司，长期持有，享受高于社会平均或行业平均水平的成长发展的复利，给自己的财富带来增值。

投资的方法也很简单，找到优秀的公司，低价买入，长期持有，等达到自己的预期后卖出。

当然，"书声说财经"在前面说了，价值投资的精髓在于顺势而为，不与趋势对抗；否则，下跌趋势的三一重工，一年时间，从每股最高49.7元跌到每股最低14.58元；美团，从每股最高460港币跌到每股100港币。

价值投资的精髓，不是拿着好企业不动，明知道要大跌了不躲，像傻子一样自断双腿，看着国际机构、私募基金、主力机构一个个先跑了，然后在山顶吹着冷风，才明白自己被"伪价值投资"骗了。

散户和大资金博弈，唯一的优势是跑得快，遇到几百倍利润的高点，可以先跑，等机构他们也跌绝望了，再回去抄底不迟！

真正的价值投资，在 A 股和港股，都要结合股价趋势，下跌趋势要先躲大跌，不要跟趋势对抗，否则股票会用"人"字形走势教你做人，这在专业上讲叫"A"字杀，后面的章节会详细介绍。

## 第二节　新东方在线：价值投资要看企业家和公司团队

新东方在线（2023 年更名"东方甄选"），是"书声说财经"在港股价值投资成功的另一个典范。价值投资最重要的价值是看企业家和公司团队。比如，在 2022 年投资新东方在线。

东方甄选于 2022 年 9 月 24 日举办了一场宁夏新疆农产品主题的专场直播带货活动，收获超 8000 万元单日 GMV，创历史新高，目前已经成为抖音带货的顶流。

新东方在线，"书声说财经"从看了电影《中国合伙人》之后就一直关注。2016 年是中国教育培训行业高歌猛进的年份，尤其是在线教育领域，创业与投资都开始变得疯狂。

2016 年 2 月，腾讯斥资 5000 万美元（约合人民币 3.2 亿元）入股新东方集团旗下在线教育公司——新东方在线。腾讯和新东方都将这次合作视为战略投资。腾讯对这笔投资是这样看的：将帮助"新东方在线"获得清晰的市场领导地位，并且使腾讯自身获得更好的用户体验，如教学资源、在线课程、职业发展、海外教育考试等领域。通过本次投资，将进一步提高腾讯在教育服务平台，尤其是网络教育市场的行业地位。

2019 年 3 月，新东方在线登陆港交所。招股书显示，腾讯当时持有新东方在线 90 416 181 股 A 系列优先股，每股成本 0.5627 美元，IPO 前持股比例 12.06%，IPO 后持股 9.89%。腾讯是新东方在线第二大股东。

2020 年，特殊时期，带动在线教育概念股被资本市场追捧，新东方在线股价一路高走，并在 2020 年 7 月触及 43.45 港币高点。

2021 年，力度空前的"双减"政策落地，校外教培行业几乎全军覆没。新东方在线股价自 2021 年年初急转直下，到 2022 年 5 月已跌至最低 2.84 港币。

按照新东方在线过去 3 年的最低价 2.84 港币计算，腾讯这笔投资亏损超 55%。换句话说，腾讯不仅战略目标落空，连本金都几乎捞不回来了。

后来，一个叫董宇辉的新东方英语老师，在"东方甄选"的抖音直播间因为用双语直播突然走红，直接带领"东方甄选"出圈，进而带动新东方在线股价飙升。

"双减"政策落地后，新东方在线于 2021 年年底终止了 K-9 教育和学前教育服务；2020 年特殊时期，大学教育业务营收同比大幅下滑。教培业务受到重创后，新东方将直播带货作为转型方向之一，东方甄选直播间隶属于新东方在线，于 2021 年年底在抖音平台开始直播带货。

价值投资首先要看企业的创始人怎么样，有没有被投价值。

2022 年，"书声说财经"一直关注新东方在线，2022 年 6 月 13 日，新东方在线大涨 100% 突破 12 港币，市场对俞敏洪直播带货给予高度认可：价值投资，关键要看企业家和公司团队。

2022 年 6 月 16 日，新东方在线再度暴涨 100%，每股最高 33.15 港币，卖出的人后悔不已，这就是价值投资和知识的力量！认知变现，前提是散户有这个认知能力。一旦散户看准了，也能 5 天上涨 600%，因为股票上涨是复利！而且这种价值投资，拿着心安理得，每天赚钱也不用担心风险，如图 3-2 所示。

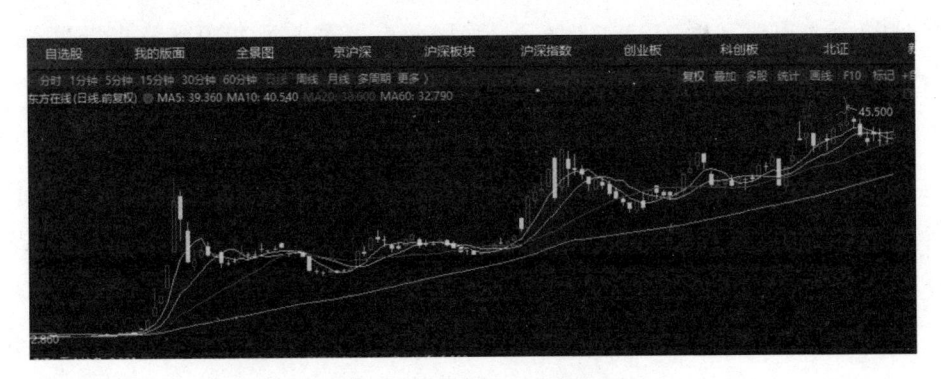

图3-2 新东方在线日K线走势

10 年后，"书声说财经"还可以骄傲地说：因为看书，坚持价值投资，在短短的 5 天斩获了 600% 的复利奇迹。

价值投资看准企业创始人和公司团队，抓住价值投资的机会，低价买入长期持有，这是股市投资的王道！

感谢俞敏洪，让价值投资理念再一次被市场验证，这句话再一次被人相信：在绝望中寻找希望！那些打不垮你的挫折，只会让你更加强大。人生要有信仰，股市也一样，有信仰才有力量，信仰爱和希望，这些东西才会使人生更有力量，这些东西才会持久和让人幸福！

## 第三节　贵州茅台：基金抱团时代的价值投资神话

"书声说财经"在前面说过，到了 2022 年，公募基金和私募基金机构投资者、外资、社保基金、保险基金等规模都相当大，已经成为 A 股的主力，决定着 A 股的方向。这就使观察基金的重仓股成为在 A 股价值投资的一种重要方法，其中最典型的基金抱团股就是贵州茅台，散户如果在 2016~2021 年投资贵州茅台，你就是"股神"。本节以贵州茅台为例，来揭秘基金抱团时代的价值投资神话。

在中国，有两大商品是限购的：一个是热门城市的商品房，另一个就是贵州的茅台酒。

2020 年 8 月 17 日，贵州茅台盘中每股再度突破 1700 元，截至收盘，还有 1690 元，市值高达 21229.78 亿元，稳居两市冠军，而 2019 年整个贵州省的 GDP 才 1.68 万亿元。

贵州一个酒厂的市值就超过一个省的 GDP，是不是有点看不懂？再做一个同类对比：截至 2020 年 8 月 14 日收盘，贵州茅台市值 20865.48 万亿元，比工商银行市值 17891.59 亿元还多出 2973.89 亿元，而根据 2019 年年报，贵州茅台仅有 439.70 亿元，工商银行的利润是 3133.61 亿元，两者相差 8 倍。

贵州茅台从 2016 年 1 月每股最低价 139.99 元，一路涨到 2021 年 2 月每股最高价 2586 元，短短 5 年的时间，涨幅高达 20 倍。也就是说，如果散户在 2016 年买入 10 万元的贵州茅台，2021 年已经变成了 200 万元，这财富增值的涨幅速度，超过了北京近 10 年的房价涨幅。

在"中国神酒"贵州茅台的带动下，A 股市场整个白酒板块涨幅惊人，白酒及饮料板块指数从 2016 年 1 月的 950.53 点涨了近 5 倍。如果除去饮料股，这个涨幅会更大。整个白酒行业，除了贵州茅台超过3万亿元市值，五粮液最高峰时也破了万亿元市值，洋河股份、泸州老窖、山西汾酒，古井贡酒等纷纷破了千亿元市值。

贵州茅台涨得如此疯狂，带动整个中国白酒板块市值涨到5万亿元。尽管白酒在中国已经有几千年历史，并没有什么科技含量，农民在村子里随便搭个土灶，用多余的粮食就能烧酒，照样又醇又香，代表不了中国经济的未来。最疯狂的2021年，贵州茅台每股达到2600元的高位，市值突破了3万亿元，白酒基金成了市场上的限购产品，连路边的大爷大妈都在抢购白酒基金。

为何国内外的机构投资会炒作贵州茅台？茅台酒的利润增长靠什么？主要靠提价：贵州茅台是稀缺商品，在市场上有提价的权利，比如，近几年，飞天茅台从969元涨到1199元，再到1499元，每次提价都在20%以上；专卖店价格现在已经炒到了3000元。

提价成了贵州茅台屡试不爽的套路，也是其业绩增长的核心驱动力。

其他白酒，也是这个套路。五粮液最辉煌的时候，超过茅台，但因为不敢涨价，结果现在只占了个千年老二的位置，最近几年提价举动越来越疯狂。第八代经典五粮液的零售价已经从1199元涨到1399元，直追茅台。

贵州茅台的不断提价，一方面驱动其业绩持续走高，另一方面也让经销商大赚，因为他们发现，囤贵州茅台比卖贵州茅台更赚钱，再加上贵州茅台年份越久越值钱，所以经销商们能放心大胆地囤货，市面上流通的贵州茅台越少，反过来刺激贵州茅台再次提价，然后进入下一个循环。所以2019～2021年，1000多家国内外基金机构蜂拥而入投资贵州茅台。

基金抱团，是贵州茅台股价2016～2021年5年一飞冲天最主要的驱动力。

股票本质是资金驱动。茅台超高的净利润率和现金流，使其上市以来一直是业绩与股价齐飞，是资本市场上公认的白马，备受基金经理的喜爱。根据2019年第三季度的公报，持有贵州茅台的基金高达1386家，不少有名的私募基金都重仓贵州茅台。等到了高点，一手高达26万元的价格，已经驱离了A股绝大多数散户。散户即便想接盘，也买不起了。

从2016年1月开始，贵州茅台开始疯狂地拉升，基本上一年翻一倍：2017年涨到300元，2018年涨到600元，2019年涨到1200元，2020年涨到1800

元，2021 年涨到 2600 元，如图 3-3 所示。

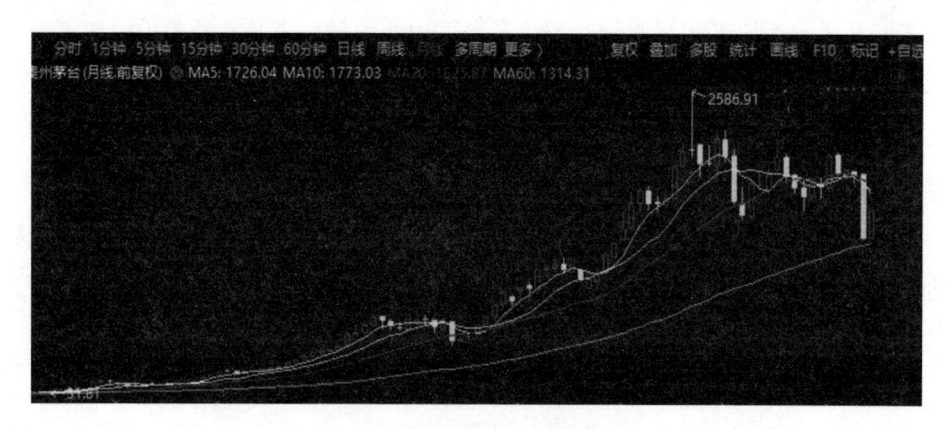

**图3-3　贵州茅台月K线的走势**

这样的价值投资，估计连价值投资的祖师爷巴菲特也会看得一脸疑惑。

机构抱团，2016～2021 年这 5 年基金赚了 500%。从 2021 年开始，国际大机构减持贵州茅台，贵州茅台和白酒板块巨大的泡沫才开始破裂。

2021 年 7 月 30 日，白酒板块再次大跌 6.33%，不少粉丝后悔没及时看到"书声说财经"在 2021 年 6 月提出的"下半年滴酒不沾"的复盘分析。

"书声说财经"多次提示"滴酒不沾"：牛年初提示"2021 年滴酒不沾"是说白酒板块长期趋势下跌，比如白酒板块龙头贵州茅台，每股从 2600 元一路跌到 1600 元，"滴酒不沾"当然不错，那一轮白酒基金下跌 30%。2021 年 6 月初提示"下半年滴酒不沾"意思是整体上白酒板块还是呈下跌趋势，复盘分析白酒基金必大跌，因为白酒基金十大重仓股都大跌走势，听进去的人躲过近 20% 的大跌。2022 年 1～10 月，白酒板块连续大跌和贵州茅台"人"字形走势，也让明星基金经理张坤跌落神坛，这说明基金没有永远的神，时势造英雄，要看清基金重仓股趋势。

"长线看价值，中线看波段，短线看节奏。"书声说财经提出的长中短线结合的波段价值投资，才是散户在 A 股玩基金的重要方法。遇到下跌趋势，散户躲大跌后再抄底吃大肉，才是王道，无论买股票还是基金。

## 第四节　宁德时代和比亚迪：
## 　　　　新能源时代政策风口的价值王者

当然，在 A 股价值投资，除了前面说的"选择与优秀的公司一起成长""看企业家和公司团队""看基金抱团"，还有很重要的一点，就是看是否站在了政策的风口。老股民都知道，A 股是政策市，行业的政策导向很重要。2019～2022 年的宁德时代和比亚迪，就是新能源时代政策风口的价值王者。

2021 年 12 月，宁德时代每股最高价为 691 元，市值接近 1.7 万亿元，达到了王者的巅峰。而其 2018 年 6 月上市时，每股发行价 25.17 元，首日开盘每股仅 30.17 元，媒体还在讨论其有没有可能达到千亿元市值。如图 3-4 所示，短短 3 年时间，暴涨 20 倍，突破万亿元市值，问鼎创业板的市值王座，股民送外号"宁王"。这正印证了那句调侃："站在风口上，猪都能上天。"

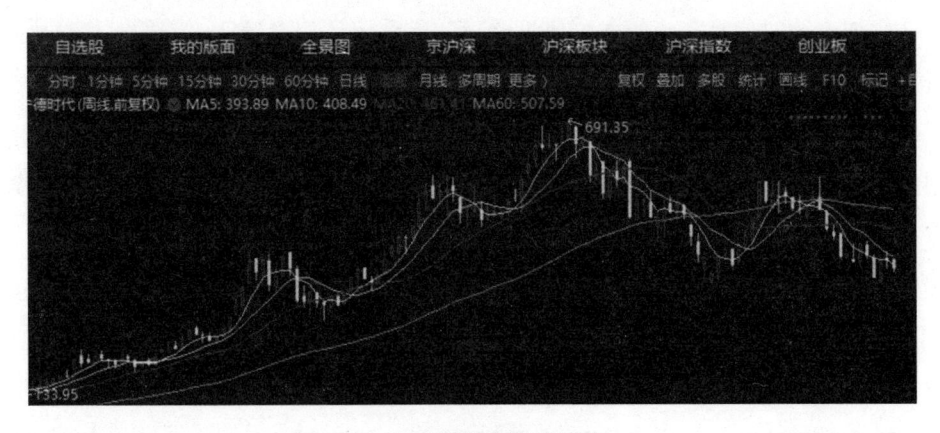

**图3-4　宁德时代周K线走势**

在 A 股做价值投资，在股市里找到政策风口很重要。宁德时代称王的背后，是我国新能源汽车产业的爆发式增长：到 2022 年年底，新车销量有望达到 2600 万辆，全年实现正增长。机动车保有量从 2011 年约 1 亿辆跃升到 2.97 亿辆，全年有望突破 3 亿辆，居世界首位。新能源汽车发展势头强劲，已经连续 6 年位居全球产销第一大国，占全球市场份额的 40% 以上。

政策利好：汽车制造业是我国国民经济支柱产业，具有产业链长、涉及面广的特点，对上下游产业链拉动明显。随着政策效应持续释放，汽车作为大宗消费品对于稳定整体消费的作用进一步显现。

新能源汽车免征购置税政策于2014年开始实施，最初计划于2017年年底结束。为激励新能源汽车消费，主管部门在2017年12月宣布，该政策延长至2020年年底。2020年特殊时期，新能源汽车免征购置税政策第二次延长。延期至2022年年底，是该项税收优惠政策第三次延长。

有人说"基金长线投资，别用股票思维"，这么说的人既不懂基金，也不懂股票，股市的长线价值投资散户有必要了解一下。以宁德时代为例，2020年7月17日，宁德时代以每股161元的价格定增，高瓴资本买了100亿元，锁定期为6个月，刚解禁时账面上已经浮盈120亿元，盈利超120%。张磊在每股161元敢买入100亿元的宁德时代，就是站在了政策风口。

值得长线价值投资的处于风口的企业，一般有一些共同特征：一是市值在百亿元以上的行业龙头公司，公司市值太小说明市场不认可；二是有国外大基金投资，比如宁德时代是高瓴资本价值投资；三是估值还相对较低。宁德时代这大波行情，从千亿元市值一直涨到万亿元市值，让人刮目相看。

全球第一、垄断、核心资产在股市里会有超高的溢价，中长线价值投资得到回报，只是时间早晚的事情。如果散户提高自己的认知，就能赚到很多钱，宁德时代如此，比亚迪也是如此。

正确的认知就是财富，这是股市最公平的地方。发现和认知到股市里的"牛人"并长期关注，这也是一种认知能力。

再以比亚迪为例解读长中短线结合的价值投资方法，如图3-5所示。在A股，散户赚不赚钱，取决于你是短线投机还是长线价值投资？这是让很多小白投资者都困惑的问题，因为很多人说A股不存在价值投资，你看270元高位买比亚迪的人，2个月跌到140元，几乎腰斩，不少人忍痛割肉，结果割完肉比亚迪又大涨到了358元。

"长线看价值，中线看波段，短线看节奏"的基础还是价值投资。现在A股公募基金和私募基金多数学习外资和华尔街的那一套分析逻辑和估值方法，也就是价值投资，所以，在A股玩，价值投资已经是主流，如果散户不学会价值投资，很难赚到大钱。

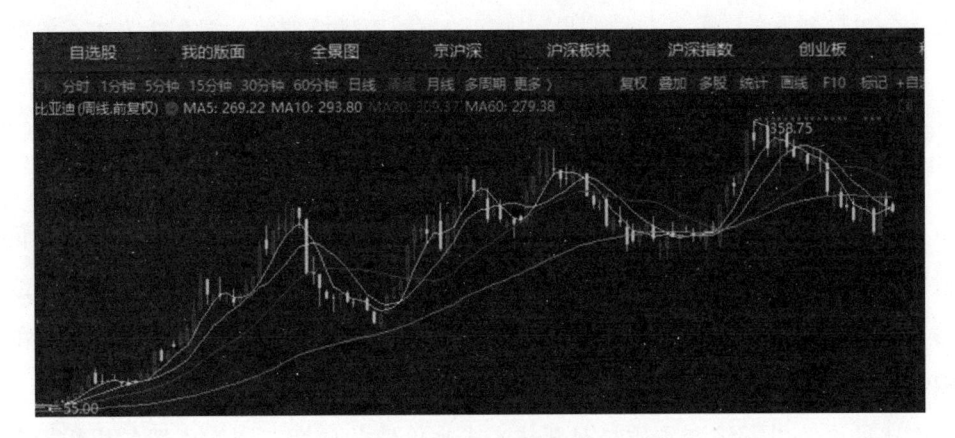

图3-5 比亚迪周K线走势

价值投资的核心是选择风口的好企业，还要在相对低估值时。在周期风口上，选择好企业很关键，比如2020年9月，"书声说财经"在每股100元的时候选择比亚迪，就是因为比亚迪当时估值3500亿元，相对于海天酱油等酱油厂6000亿元左右的估值，明显偏低。2021年2月，当比亚迪每股达到270元时，持股盈利实际上已经超过了300%，因为这期间还做过高抛低吸降低成本；2022年比亚迪创新高358元，市值突破了万亿元，那是后话了。

2022年8月，巴菲特14年来首次减持比亚迪，很多人都看不懂，价值投资买比亚迪的散户也惊慌失措。"书声说财经"的观点很明确：比亚迪汽车2022年的销量和表现确实不错，但巴菲特减持，并不是说不看好比亚迪企业，也不是说他不搞价值投资，巴菲特还是长期价值投资，他以每股8港币买入的比亚迪，长期持有，即便每股277港币卖出，也赚了30多倍，是价值投资的典范。中国式价值投资，跟美股价值投资不一样，一般趋势变了就要及时减仓，因为在A股，如果每年仅靠分红，收益率很一。所以还是要"长线看价值，中线看波段，短线看节奏。"

## 第五节　人工智能：
## 新科技带来的价值投资浪潮

除了前面四章分享的价值投资，还有一种价值投资，属于新科技带来的价值投资浪潮。这种价值投资，爆发力极强，影响深远，赚钱效应火爆，值得中长线参与。散户如果想要抓住这种价值投资的风口，就必须对新科技信息保持敏锐的嗅觉，在浪潮到来之时及时抓住。

这种价值投资浪潮本质是对新技术未来价值的预期，加上A股的机构投资者往往喜新厌旧，所以一般每年都会炒作一波新概念股，有的持续时间长达半年，值得关注和中长线价值投资，如2022年的元宇宙板块。

2023年从第一季度的行情来看，大概率是人工智能。复盘看，2023年1~3月，A股最火的价值投资赛道，非人工智能莫属：1月人工智能板块大涨12.18%，2月继续上涨6.36%，3月继续暴涨16.44%。因为板块是连续上涨，复利可观，相关基金赚钱效应火爆。

2023年第一季度，A股人工智能板块的股票更是暴涨，不少翻了三倍到五倍。比如三六零，从6元附近涨到18元左右；寒武纪-U，股价从最低54.15元涨到185.95元。

最近半年来，在人工智能热潮席卷全球的大背景下，港股的人工智能概念股票也暴涨，商汤-W股价从最低1港币附近反弹到3港币左右，翻了近三倍。

美股市场里，中概互联网公司跟人工智能有关的也都大涨。比如百度，股价从最低73.58美元涨到150美元附近，翻了一倍。

而受益于人工智能概念的游戏、金融和传媒概念股，也纷纷大涨。比如最火爆的游戏ETF基金，2023年1月到3月暴涨超50%。

"书声说财经"2023年1月就看好两大板块：人工智能和软件板块的中长线价值投资，在兔年春节前敏锐抓住了人工智能板块的风口。

2023年2月3日，书声说财经复盘时提醒散户，A股主力机构在3300点时出货非常坚决，老赛道抛压较大，新能源汽车、光伏、锂电池、新能源板块都炒作过了，短期轮动结束，散户要注意风险。春节前看好的软件板块，还有人工智能板块表现出色，兔年价值投资要中长线价值投资这些新赛道。

结果有目共睹：2023年2月和3月人工智能板块和软件板块都暴涨超20%，新能源汽车、光伏、锂电池、新能源板块暴跌超10%。

书声说财经甚至在2023年2月6日明确提出，2023年将是资本市场炒作人工智能的元年。因为A股从来不缺乏炒作概念，2022年炒作的是元宇宙，2023年复盘看是人工智能（AI）技术，第一波是交互聊天机器人。

这些准确的预判，背后的认知逻辑很清晰：不管你懂不懂，属于人工智能的新时代开始了：ChatGPT比元宇宙靠谱，这是人工智能截至目前最重要的创新。

连微软公司创始人比尔·盖茨都认为新型人工智能能够提高办公效率，"这将改变我们的世界"。

有一些新技术，如果散户不懂，可以听一听比尔·盖茨这样睿智的人或行业里优秀的人怎么说。当然，你可以不认同他的观点，但如果谁要觉得自己对人工智能的认知比盖茨更深刻，那是自欺欺人了。

书声说财经完全赞同比尔·盖茨的观点，所以从兔年第一天开始就坚定看好人工智能的长线价值投资，低吸高抛。书声说财经2023年2月11日明确说："等回过头你再来看，错过这个价值投资风口的人，将会十分遗憾，因为恰好这个板块又在市场底部，结合起来看，风口来临，猪都能上天，何况人工智能。"

确实，2023年第一季度，在A股买了光伏、新能源、锂电池、新能源汽车和医疗基金的人都跌哭了，可以说遇到了熊市。而买了人工智能和游戏板块的人，则处于牛市，这些板块每次下跌都是低吸的机会。

当然，人工智能系统对人类具有未知的风险。"科技狂人"马斯克还联合1000多位专家签名要求紧急暂停研究人工智能。意大利等国家还出台了有关禁令。但这并不能阻止资本市场对人工智能的狂热，因为人工智能带来的社会变革显而易见：到2023年，AI技术已应用多个领域，交互式聊天机器人、自动驾驶、机器人、仓储，甚至是在线写作，商业化落地加速。

全球新一轮科技革命方兴未艾，人工智能等新技术日新月异，股市里每年都会不断涌现出新概念股，并不是每一个新概念都值得长线价值投资。那么，散户该如何判别新科技概念股有没有长线投资的价值？会不会有持续的行情？

书声说财经根据实战经验，建议如下：一是保持开放的心态。人都有否定新事物的惯性思维，但股市炒作的是预期和未来，不要急于否定新技术和新事物。否则，你会错过很多投资风口。二是要加强学习价值投资。一些新概念炒作，公司确实没有利润和业绩，但是价值投资不一定要看业绩，有持续性行情就可以中长线价值投资。三是了解新技术，看看这个新技术能给世界带来多大变化，带来多少价值，预判一下未来市场有多大。最重要的一点是看看好这个新技术的人多不多，如果散户预期一致看涨，板块和股价又在低位，那么值得重仓参与吃肉行情。

当然，前面说了，A股炒作一旦结束，很多高位板块和股票就会是"A"字杀，价值投资新科技浪潮也是一样的，潮水褪去，才知道谁在裸泳。当菜市场的大妈都开始买人工智能基金或者股票时，散户就要注意躲大跌了。

# 中篇

## 价值投资的实战经验

在A股价值投资必须择时和预判

# 第四章　股市的价值投资

在前三章"书声说财经"主要介绍了价值投资的基本理论，下面结合15年的股市实战经验，来介绍如何在 A 股里价值投资，到股海里捞"鲸鱼"。超过15年的穿越牛熊股市经验，让"书声说财经"对 A 股有了深刻的认知，对牛市和熊市的信号，以及震荡市强弱有深入的理解。下面，就从股市的正确认知和实战开始，一起看看散户在 A 股该如何价值投资。

## 第一节　股票价值投资实战常识

股票从诞生之日起，就是一项中高风险的投资。

荷兰东印度公司于1606年9月9日发行第一只股票，从此股票在全世界风靡。

这只股票价值150荷兰盾，持有人是彼得·哈尔门松。荷兰国民能以50荷兰盾购买一股东印度公司的股票，他们获得"股东"身份的同时，还可凭票据在3年后获得150荷兰盾公司派发的分红。

起初，人们买股票，赚钱基本上靠分红，国外很多优质股票分红很高。直到现在，现金流充裕，分红多的股票，依然会成为市场的"宠儿"。比如贵州茅台2021年每股分红21.675元，共计派发现金红利272.28亿元，这是贵州茅台史上最豪的分红方案，并且每股分红21.675元，也是 A 股市场之最。

分红和价格波动，是股票获得收益的两大途径。但在 A 股，多数股票都是利用波动赚钱，因为，虽然监管部门鼓励分红，但有很多上市圈钱的公司，几十年来一毛不拔。

股票频繁交易需要一个公开的场所，方便股民们买卖股票。1609年，世界上首个股票交易所——阿姆斯特丹证券交易所在荷兰正式成立。

A股现在有三大交易所，它们分别是1990年11月26日成立的上海证券交易所，1990年12月1日成立的深圳证券交易所和2021年9月3日成立的北京证券交易所。

上海证券交易所是拥有股票、债券、基金、衍生品四大类证券交易品种的综合型证券交易所，也是全国性证券交易场所，还是全球第三大证券交易所和全球散户最活跃的证券交易所。

深圳证券交易所共有上市公司超2578家，创业板近年来扩容很快，也最受散户关注。

北京证券交易所是经国家批准设立的中国第一家公司制证券交易所，2021年11月15日开市首日，上市公司数量就有81家。截至2022年1月底，北交所投资者数量超480万户。

三大交易所对应的股票代码特征不一样：主板（60开头的为沪市股、00开头的为深市股）、创业板（30开头）、科创板（68开头）、京市（8开头)，恒生港股（H00开头）。

为了保护中小投资者，对应的门槛不一样：主板市场，交易比较活跃，散户都可以参与。创业板、科创板、北交所都设置了资金门槛。开通创业板必须在开通交易权限的前20个交易日内日均资产在10万元以上，需要2年的交易经验。科创板和北交所开通权限前20个交易日日均资产50万元以上（含50万元），同样需要2年的交易经验。

开完户，股民最先关注的就是"股票指数"。世界上历史最为悠久的股票指数非道琼斯指数莫属。1882年，查尔斯·道与好友、爱德华·琼斯在华尔街15号创办了道琼斯公司，他们的公司就设在纽约证券交易所旁边。

1884年，查尔斯·道最早开始尝试计算股票价格变动指数，当时采用样本均为铁路公司，这就是后来的道琼斯运输业指数。随着全球化进程的加快，道琼斯公司用了3000多个分类指数来反映全球5500多家上市公司的股票价格变动，统称为道琼斯全球指数。

人们一般将道琼斯工业平均指数简称为道琼斯指数。1896 年 5 月 26 日，这一天正是道琼指数的"生日"。

除了道·琼斯指数外，标准·普尔指数、纳斯达克指数都是非常重要的指数，这三个指数也被称为美国三大股指。

在中国，上证指数、创业板指数则是最重要的两大股票指数。香港恒生指数都是股民们选股必看的指数。

股市有风险，入市需谨慎。历史上曾出现过多次股灾，其中 1929 年、1987 年以及 2000 年的几次股灾轰动全球。1987 年那次股灾也被股民们称为"黑色星期一"。

在 A 股，主板股票每天涨跌幅度最高是 10%，创业板股票和科创板股票是 20%，北交所股票是 30%。

散户还要熟悉交易时间和规则以及费率：A 股一般是 T+1，港股一般是 T+0，但手续费较高。

印花税一般是成交金额的 1‰。不过受让者不再缴纳印花税，也就是在购买股票的时候是不需要缴纳印花税的。

过户费：过户费是按成交金额的 0.02‰ 来收取，沪深两市均收取。

券商交易佣金：最高不超过成交金额的 3‰，一般是买卖金额的万分之一到万分之三左右，目前网上开户大部分佣金费率只有万分之二点五。

交费成本占本金的 0.17%，这意味着散户在 A 股买卖一只股票，股价至少上涨 0.17% 之后卖掉才能实现保本，超过这个幅度才能实现盈利。

港股上调印花税后费用多少，实战算账竟然比 A 股贵好多：2022 年 7 月 28 日新东方在线大涨 16%，"书声说财经"短线参与了一次交易，在每股 20.45 港元买入 13000 股，后来在每股 20.65 港元卖出，账面上算能赚到 2600 港元，按照当天汇率 0.8606 结算，大约赚了 2237 元人民币，但是晚上九点后才发现，实际赚到 1400 元左右，交易费用大约花了 800 元。

打开交割单，可以看到，港股交易买卖都收印花税，自 2021 年 8 月 1 日起正式实行，股票交易印花税税率由 0.1% 正式上调至 0.13%，仅印花税就是 302 元。

买卖都收印花税的话，一个交易至少收 0.26%，这就减少了 604 元。

外加手续费、交易费、外汇买卖的差价等，算下来，这笔交易差不多花费 800 元左右。

算下来，港股每买卖一次综合费用为 0.4%，也就是万分之四十。所以买港股，上涨 0.4% 以上才能赚到钱，频繁操作的话，每天交易费用不少。所以，散户不要以为 T+0，港股赚钱很容易，其实不容易，手续费太高了！

香港交易所收取高额的交易费用，主要是为了鼓励中长线价值投资，而不是短线交易投机。所以，中长线价值投资未来一定也是 A 股的主流。

## 第二节 股市的价值投资机会

A 股的股市很有特点，以前散户多，近几年股市的基金专业机构增多。股市的本质是资金驱动股票的上涨。股民和基民要正确认知中国股市，须了解 A 股中的各路资金。

中国基金行业协会最新数据显示，截至 2022 年第二季度末，公募基金规模已达 26.79 万亿元，创 10 年新高。其中公募基金投资 A 股达 5.84 万亿元，占 A 股流通市值的 8.24%，已成为资本市场重要的机构投资者之一。

得益于经济高速发展，我国高净值人群数量及其资产规模持续增长，私募基金行业实现快速发展。中国基金协会的数据显示，截至 2022 年 7 月末，私募基金总量为 13.58 万只，总规模达到 20.39 万亿元。其中，存续私募证券投资基金的数量为 8.53 万只，规模为 5.98 万亿元；存续私募股权投资基金数量为 3.16 万只，存续规模为 10.97 万亿元。

近年来，在机构资金抱团取暖加剧的情况下，行业龙头股被追捧到千亿元市值之上，成为"大白马"；一旦机构改变策略，调整仓位，白马股难免会遭遇暴跌。

截至 2020 年 9 月 30 日，根据证券时报"券商中国"的数据，全国社保基金实业投资累计投资规模近 3000 亿元，投资收益超过 2400 亿元。其中，直接股权累计投资超过 2000 亿元，在投资中围绕清洁能源、基础设施、粮食安全等重点领域，优选符合国家战略、关系国计民生的投资项目；股权基金投资规模超过 800 亿元，坚持与市场头部基金管理人合作，主要投向战略新兴产业，撬动社会资本约 1.6 万亿元。

还有养老金，也是几万亿元规模。但根据 2015 年印发的《基本养老保险基金投资管理办法》，基本养老保险基金限于境内投资，投资领域严格限定，权益类资产比重不超过 30%。这意味着，投资股票、股票基金、股票型养老金产品的比例，合计不得高于养老基金资产净值的 30%。换句话说，近万亿元养老金中最多有不到 3000 亿元可以进入股市。

2014 年年末、2016 年年末沪港通、深港通相继开通，外资投资 A 股的渠道继 QFII/RQFII 外再次增加，外资在 A 股市场持仓逐渐提升。截至 2021 年年末，QFII、北上资金持仓 A 股市值合计超过 3 万亿元，其中北上资金持仓市值超过 2.7 万亿元，QFII 持仓市值首次突破 3000 亿元。

总的来看，A 股市场目前有上市公司 5000 余家，有很多价值投资的机会。

股市估值包括绝对估值和相对估值，价值投资者一般根据实际情况去判断一只股票是高估还是低估。

A 股股市有自己的特征，比较公认的 A 股特色股市是这样的：

一是 A 股市场牛短熊长，大多时候处于震荡市场。真正公认的牛市只有两次，一次是 2007 年，第二次是 2015 年。

二是 A 股股市不是宏观经济的"晴雨表"，经济高速增长，但股市一直在 3000 点附近震荡。

三是 A 股股市还处于融资市场，分红不是股票主要收益方式。A 股股票市场特别注重融资功能，近两年新股发行是全球最多最快的。

四是 A 股股票市场是政策市场，与央行货币政策关系密切，与财政政策相关，但不如前者密切。

五是 A 股股票市场散户没有真正经典的做空机制，只有做多赚钱。股指期货门槛很高，散户参与者很少。

六是投机氛围相对严重，散户喜欢追涨杀跌，机构散户化特征明显，最近几年的基金抱团股，也容易暴涨暴跌。有时候，基金一天涨 9% 或者跌 10% 就是例证。

虽然我国证券市场还不成熟，但2023年2月注册制改革全面启动，专业机构投资者力量持续壮大。我国证券市场投资者数量已突破2亿大关，境内专业机构投资者和外资持仓占流通股的比重由三年前的17.6%增长至24.3%，2021年个人投资者交易占比首次下降到了70%以下，价值投资、长期投资、理性投资的理念逐步建立。

总之，随着我国资本市场日益成为居民财富和全球资产配置的重要引力场，投融资平衡发展、相互促进的良性机制逐步成型，"书声说财经"相信价值投资会成为A股市场未来的主流投资理念，成为居民财富增长的重要方法。

当然，"书声说财经"在前面说过，在2020年开启的全球财富大变局中，港股也有很多价值投资的机会，一些高科技企业甚至跌破了发行价，可以中长期价值投资。

随着基金市场的发展，A股散户投资者也可以放眼全球，借一些港股指数ETF和美股指数ETF来寻找港股和美股的价值投资机会，完善自己的理财规划和资产配置。

## 第三节　如何面对股票波动：
## 　　　　基本面分析和技术趋势分析

2022年，注定是价值投资者心惊胆战的一年，很多投资者都"跌跌不休"：这一年，腾讯控股每股从最高758.9港币跌到了198.6港币；半导体行业的韦尔股份，每股从最高点暴跌了63.58%⋯⋯截至2022年9月30日，很多经营业绩还不错的白马股纷纷杀跌，使很多没搞懂价值投资的散户对价值投资理念产生了动摇。最惨的白马股长春高新，从生长激素被纳入集采的利空消息发酵后，短短4个交易日上演4跌停，较最高点累计跌幅达68%。

到了2022年9月，市场每天杀一只"大白马股"：

2022年9月13日，药明康德大跌；

2022年9月14日，中金公司暴跌；

2022年9月15日，宁德时代大跌；

2022年9月19日，医美巨头爱美客和华熙生物跌停；

2022年9月20日，三安光电跌停；

2022年9月21日，迈瑞医疗跌停；

2022年9月26日，紫金矿业暴跌；

2022年9月28日，千亿元市值的"钴茅"华友钴业跌停；

2022年9月29日，安琪酵母跌停，新华网跌停；

这些公司生产经营正常，但白马股的"闪崩"令市场风声鹤唳。

其实这一年，整个股市都不好：截至2022年9月30日，上证指数下跌17%，深圳成指下跌27.45%，创业板指数下跌31%，科创50指数下跌32.81%，沪深300指数下跌23%。

这些价值投资的白马股杀跌，原因除了股市大环境不好，还跟这些年上述白马股异动有关，比如有的是所在行业板块传出利空消息，有的是自身融资或业绩等利空。

这些白马股多为机构抱团持有，可谓"成也萧何，败也萧何"。"书声说财经"在前面也说了价值投资，不是持股不动，也不是在下跌趋势中去抄底接盘。

价值投资过时了吗？散户如何面对市场波动？任何一只股票，包括白马股，投资者要复盘搞清楚其处于哪个阶段。所有股票都大致分为四个阶段：底部、上涨、顶部、下跌趋势，这是做中长线必须搞清楚的。

回顾任何一只大白马股的成长过程，其都有回调和下跌的过程，比如腾讯控股、贵州茅台、宁德时代等，因为股票波动受信息面、技术面、资金面、交易情绪面四个面影响，也就是说，不是价值投资的理念出了问题，而是有的人理解出了问题，犯错的不是市场，而是人。

当面对股票下跌时，散户应该复盘搞清楚：这是正常的调整，还是下跌趋势，整体大环境如何，顺势而为，而不是与趋势相对抗。散户要知道这个是不是股票的顶部。

如果是正常的调整，大势没有问题，那么就安心持股或者高抛低吸降低成本；就算"腾讯控股"也有跌破发行价的时候。

总的来看，价值投资要树立中长线的投资理念，股票总是处于不停波动中，长线看价值，中线看波段，短线看节奏。当有中线波段时，可以通过短线技术来降低持有成本。这就是"书声说财经"前面说的长中短线结合的价值投资方法，适合任何股市阶段，前提是散户要搞懂股市处于哪个阶段，以及对股票的基本面和技术趋势做出分析。

股票价值投资的基本面分析，比如通过从传统意义上的估值方法，比如从市盈率、现金流、盈利能力等估值，到以经营数据和增长数据等评估科技互联网公司，再到破产重组，以及周期价值投资，寻找廉价股等，寻找到价值投资的低估值股票或者强势主力股以后，还要结合技术趋势做好中长线持股。

不管是大盘还是个股，都会处于上涨趋势下跌趋势，或者震荡趋势。

所谓的上涨趋势，就是每一次上涨，都会创新高；所谓下跌趋势，就是每一次下跌，都会创新低。处于震荡阶段，突破压力位，就会继续上涨趋势；或者下跌，跌破支撑位，就是下跌趋势。

股票的波动总是朝着压力小的方向波动，是涨是跌，还是很明显的，如图4-1所示。

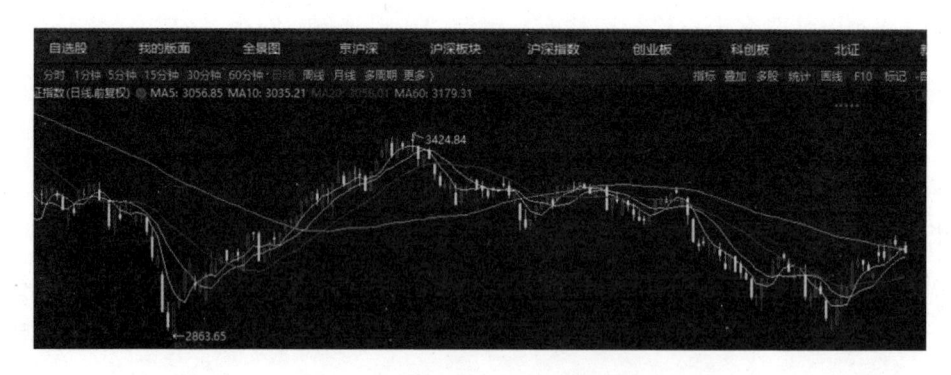

**图4-1　沪指2022年4～11月的日K线**

见顶信号和见底信号，要结合量价分析。

高位放量，是见顶信号；低位缩量，是反弹信号。

买在底部，卖在顶部，你就是高手。

价值投资要搞懂股票的趋势，也要结合股票趋势去操作。

"长线看价值，中线看波段，短线看节奏"如何赚钱，主要注意三点：一是选择好企业，有价值的龙头企业；二是看估值：最好是低估值；三是看股票价格和趋势：散户在贵州茅台每股160元买时是股神，每股2600元买就是高位接盘了。

综合分析，还要看是否在风口和主力资金是否买入，主力强势股适合不断高抛低吸，降低成本。

如何看股市信息？有些人说在A股炒股不用看信息或者看信息会亏钱，那是因为你看不懂信息，不会看信息，看信息不专业，A股本质上是政策市：注册制后信息披露是核心，信息只会越来越重要；国家政策和导向尤其重要；主力短线炒作也是靠信息；在股市有价值的信息就是值钱，信息快人一步躺赢；信息要结合股票趋势去看，利好还是利空，要配合技术面去看。

"书声说财经"的投资理念就是长中短线结合的价值投资。本质上还是价值投资，就像ETF本质上是基金，基金本质上是股票一样。短线技术高手结合A股实际，长中短线结合高抛低吸，这就是比较适合A股的价值投资方法。

"长线看价值，中线看波段，短线看节奏"，价值投资绝对有钱途！散户如果技术不好或者没时间看盘，低位买入的价值投资其实可以不动。比如2020年11月，散户每股5元买入宝钢集团，持有一年每股12元卖出，也能赚140%。

2022年抄底买恒生科技和恒生医疗也是一样的，低价买入，11月一波就有30%的收益。

预判估值和压力位有一定的规律，还跟大环境和政策有关系。不管哪种方法，适合自己的价值投资方法才是最好的价值投资！未来30年，A股价值投资一定会成为主流。股市没有一蹴而就的秘籍，要在实践中不断摸爬滚打，股市投资也是一生的事业，价值投资是一辈子的修行。

## 第四节　如何观察股市：
## 　　　　信息面、技术面、资金面、交易情绪面

价值投资要预判股市的强弱和走势，找准波段底部和顶部。那么，该如何观察和预判股市强弱，预判板块和个股走势呢？

很多股民和基民每天关注"书声说财经"的微信公众号和今日头条号，看"书声说财经"的复盘观点和预判观点，好奇预判股市和股票走势的准确率为何

这么高？有什么秘诀？不管是股票大势还是个股走势，都是可以综合预判的。那些说不可以预期的人，去看看"书声说财经"这两年多的预判，几乎每一次大跌都躲过去了，很多预判都成为经典。其实，"书声说财经"预判股市唯一的秘诀就是勤奋：认真看盘和复盘。大盘和个股走势，从技术面、消息面、资金面、交易情绪面来综合观察。

这是有坚实金融理论支撑的。华尔街金融体系发展几百年来，一直有两大对立的观点：一种观点认为股市和股票未来走势无法根据过去的交易情况进行预测，也就是说，股票价格的短期波动无法预测；投资咨询服务，复杂K线指标和形态分析毫无用处；还有一种观点认为华尔街没有新鲜事，股市和股票走势会重复过去的走势，这是短线技术分析的基础。

多数金融学术界和不懂股票或不愿意去研究股票的人都持第一种观点。他们觉得股票涨跌是随机的，他们经常举的一个例子就是美国经济专家拿一群猴子做试验，随机扔香蕉选一些股票组合，长期来看，收益率和专业金融人士组合收益率差不多。

于是就有一帮人，特别愿意投资指数基金，并且认为再厉害的人，长期都跑不赢指数收益。这在美股确实是这样的，因为美股经常是10年长牛，指数涨10倍。而A股就很难通过指数赚钱，3000点附近震荡10年也很常见。通过指数基金赚钱，除非你能预判准大势。

认为股市和股票走势都是随机的，这种观点显然失之偏颇，也是对金融从业人员的侮辱，他们很多都是名校毕业的专业人士，选股能力强，各种指标又很多，财务报表分析等都有技巧，竟然比不过一群猴子？所以，基金经理们就研究出了价值投资理论：一般从股票分红和利润增长率等去分析。股息越高，复合净利润越高，股票价值越大，涨得越多。

第一种观点的缺陷：如果股票市场和股票走势完全是随机的，那就很难解释为什么股市上的股票大多是"人"字形走势，很多股票走势实际上都符合数学里的正态分布，而技术分析很多股票走势都会重复，也很有用；这当然不是巧合，和黄金、原油、期货等相比，股票是所有交易型投资产品里可预测性最强的。

第二种观点显然也是有重大缺陷的，不然就难以解释为什么2020年买中国平安股票的散户都赚钱，2021年买中国平安股票的散户却亏得一塌糊涂，这家企业基本面并没有太大变化。

英国经济学家、剑桥大学的约翰·凯恩斯为了解决这个矛盾，他发现了一种最简单的投机策略：根据大众的心理预期去预判股票走势，也就是说，大多数人看涨，就买入。

凯恩斯利用这种策略赚了几百万英镑，他其实抓住了股票的本质就是多空博弈。他观察主力动态，实际上是观察散户的心理预期。

短线技术派后来在股海里演变成了趋势交易、波浪理论、江恩理论等，中国出现了缠论。但技术分析，只有在强势市场才有效，弱势市场和主力弱势股会出现技术失灵现象。

现在市场上多数私募基金、公募基金、社保基金都是偏向中长线价值投资的理念。但书声说财经结合 A 股实际，提出价值投资还要看消息面、技术面，股市和散户的股票交易情绪，"长线看价值，中线看波段，短线看节奏"。这实际上是将主流的三种观察股市方法都综合起来，加上观察资金面，尤其是提出到月底了散户要躲大跌，这又是 A 股的一大特色，所以预判准确率特别高。

躲大跌后抄底吃大肉，做好中线波段，是最适合 A 股震荡走势的散户交易策略。

总体来说，"长线看价值，中线看波段，短线看节奏"，从技术面、消息面、资金面、交易情绪面来观察股市和股票走势，是比较客观和科学的认识，从这四个方面复盘分析的方法经过多年的预判和观察，总体是有效的。

A 股的短期和中长期波动也经常受到一些因素的影响，要从信息面、技术面、资金面、交易情绪面去分析。比如信息面，国家政策，美联储加息导致全球股市环境变化，加上央行政策对资金面的影响，还有北上资金的影响，以及散户交易心理影响。

投资其实很有趣，但散户要有所研究，要多学习，投资才有合理的回报。在 A 股赚钱永远记住高抛低吸，而不是追涨杀跌，再看好的股也要选择最合适的低吸时机，养成这个好的操作习惯，能让你多赚钱少亏钱，至少能跑赢通胀。

技术交易和波浪理论的基础是趋势。趋势，是股票最基本的波动方向，股票价格总是朝着阻力小的方向波动，进而形成趋势。

股票和股市，一般有上涨趋势、下跌趋势和震荡趋势三种。顺势而为，是散户交易获利的最大优势。如果散户想在交易技巧上再上一层楼，就要学习如何使用趋势线并将它与交易预期结合起来。

一旦明显的趋势线形成，将会惯性运动。当股价上涨突破压力位时，可以顺势加仓，获得更大利润。当股价跌破趋势线时，应该卖出部分仓位。其余的可以采用止损方式处理，通常止损点比跌破趋势线的价格低。

如果有明显的趋势线形成，它可以帮助你分析在什么地方设置止盈点和止损点。

如何观察股票走势？信息面、技术面、资金面、交易情绪面相结合。"书声说财经"为什么准确率高，能及时逃顶和抄底？就是因为真正搞懂了股市的真相，逻辑清晰，操作习惯良好。

如何看股票的信息面、技术面、资金面、交易情绪面？现在是信息社会，关于股票的各种信息真真假假，而盘面信息是最真实可靠的信息，看K线图，涨跌分明，只要你根据K线的表现和大盘的大势来买卖股票，你就能有70%的准确率。信息解读要结合股票趋势去分析，准确率会更高。

信息影响的是股票的短线波动。很多人说不要去看信息炒股，这是完全没有理解什么是信息面。信息面既包括国家政策，也包括各种利空和利多消息，还包括国际金融大环境。经济信息本身就是钱，越是真实有效的信息越值钱。

永远不要跟市场趋势过不去，比如2021年的银行股，明显下跌趋势，一买就错，你持股不动或者加仓，结果都是亏钱。

靠自己的计算能力和预测能力赚钱。只要一直玩这个游戏，验证自己的推测对不对，别的都无所谓，股市的乐趣，就在于做正确的判断。

股市和赌场唯一的区别，就是股票能预测走势。只要你判断正确，赚钱就是自然的结果；反之，就会亏钱。如果你能在交易心理上有所突破，享受股票预测游戏的乐趣，你就能打败70%的散户。赚钱与否是检验你判断的唯一标准：你赚钱了说明你预测对了，你亏钱了说明你预测错了，预判错了，立即反向操作。永远不要跟市场趋势对抗，否则你会亏得血本无归。

市场上涨信号出现之前，不要出手，买任何一只股票想赚钱都需要掐准时间，把握好买卖的节奏。没有任何人有充分的理由频繁交易股票，也没有人能保证自己每一次操作都正确。频繁的交易便是盲目的交易。

买股票其实是寻找交易赚钱的机会，你所赚的钱，就是你对股市规律和世界认知的变现。明白这一点，如果不是确定的交易机会，你就不会急于买任何一只股票，而且你永远也不要担心买不到一只股票，你赚钱跟这只股票的价格高低没有任何关系，只跟波动趋势有关。你判断对了趋势你就赚钱，你判断错了就会亏钱。这样你永远不会舍不得割肉，明显的下跌趋势不会再补仓。

其实，股市只有一个面，不是牛市，也不是熊市，而是正确的一面。散户只有学会靠自己的正确判断买卖股票，才能赚大钱，赚钱只是预判正确的自然结果。

股市里，不管是牛市还是熊市，只要判断正确就能赚钱。就像有的人即使在2020年7月大涨时也亏钱，在9月下跌却能赚钱。散户要做的，就是按照自己的判断寻找交易的机会，提高自己的准确率。

看清大势，控制好仓位，寻找交易赚钱的机会，这是趋势交易者必须学习的，现在计算机技术发达了，只要方向正确，学习时间可以大大缩短。

交易者必须分析市场的大势，必须研究股市行情，预测其走势。预测股市大势和股票走势，是赌博和投机的区别。

股市涨跌会形成大趋势，波动总是朝着阻力最小的方向前进。大势好，所有技术指标和股市方法都有效；大势不好，所有技术都会失效，主力会不计成本出逃。所以，看清大势和选股票一样重要。分析大势和选股票，主要看复盘，复盘是基本功，专注看盘和复盘是股市成功者的必修课。

股票永远会朝着阻力小的方向波动，涨跌分明，这是很简单的道理。"书声说财经"经常听到不懂股市的人说，下跌是主力打压吸筹或是在洗盘，让亏损的人持股不动，很多人就是因为持股不动损失惨重，最后套牢。

可见，正确的认知决定了你的操作是否正确，你操作是否正确，决定了你是亏钱还是赚钱。

交易情绪面是指股票跌多了会涨，涨多了就会跌。涨不上去就跌，跌不下去就涨，反映在技术指标上，就是量价关系。

总之，"长线看价值，中线看波段，短线看节奏"，A股的短期和中长期波动也经常受到很多因素的影响，要从信息面、技术面、资金面、交易情绪面去分析股市，去预判股市大势强弱和走势，主力强势时重仓吃肉，主力弱势时轻仓控制好仓位，这样才能做好价值投资。

## 第五节　价值投资必须具备股票预判思维

本章跟股民和基民分享华尔街天才操盘手利弗莫尔的故事：他身价最高时过亿美元，摩根都求助于他。

有人说股市不能预判，这是不正确的。股市波动明显有自身的规律，稍微懂一点股市的人都知道：华尔街没有新鲜事，A股里也没有。

这只股票发生的走势，经常在另一只股票上发生。而且走势类似的股票很多，无论是三浪还是五浪，无非都是上升趋势、震荡、下跌趋势三种。

所以说股市和赌场是有本质区别的，不能全靠运气。正如利弗莫尔在《股票大作手回忆录》里讲的："股市和赌场的区别，就在于你会不会预测股票的涨跌。"

老股民都知道，你在股市里所赚的每一分钱，都是你对这个世界认知的变现；你在股市里亏的每一分钱，都是因为你对世界的认知还存在缺陷。华尔街没有新鲜事，股市投机跟群山一样古老。20世纪20年代在美国股市"黄金时代"里发生的一切，今天的A股很可能同样会发生。

利弗莫尔中学没毕业就进入了社会，学历不高。这也是股市很公平的地方，不管是什么学历，涨跌对每个人来说都是公平的。A股里很多牛散，私募大佬，学历都不高，初中毕业就进入了股市。利弗莫尔的工作是股票交易所计价员，因为当年的股市，没有今天这样自动交易的系统软件，交易的股票也没有现在A股这样多，都是人工记录买卖，很多人是电报或电话报单。他的工作，相当于今天的盯盘：周一到周五每天交易5小时，星期六每天交易2小时。今天的A股，每周一到周五交易只有4个小时，周六还不开市。

这相当于他周一到周五每天都在看盘，而且他对数字很敏感，会心算，这是他的优势。打牌的人都知道，会心算的人，赢钱的概率大。利弗莫尔每天盯盘，他判断股票涨跌的依据就是股票以前的走势，这就相当于复盘。由此看来，每天看盘、复盘是利弗莫尔成功的基础。

在A股中，很多散户懒得看盘、复盘，妄想找到赚钱的捷径，渴望一夜暴富。但正所谓"基础不牢，地动山摇"，凭运气赚到的钱，很快会因为实力不济亏掉。而那些不爱看盘、不会复盘的大V，几乎每天都在胡说八道。跟着他们做股票的散户，不是亏钱就是受骗，因为认知不足，交了智商税。所以对于A股的投资者来说，要想不上当受骗，看盘和复盘是基本功。正如利弗莫尔说的："把行情收录器作为唯一判断的依据就有七成的胜算。"

行情收录器就相当于今天各家券商的交易系统，里面有K线等各种技术指标。利弗莫尔在笔记本上记录了6个月，研究那些数字的变化，相当于复盘研究了半年的行情。如果你能坚持半年每天看盘和复盘，你也有七成的胜算。

盘面信息是最可靠的信息，每天实盘的波动走势，是最真实的信息，是内因。你要赚钱，第一步，看懂它，记住它，记住它以前在各种大势情况下是如何走的，预测它的走势。因为股市千变万化，这是最难的一点。

如今，全球进入信息社会，A股又是政策市，要赶在政策消息发布之前布局才能吃到肉，所以信息便成为影响A股股票的重要因素。散户关注各种影响股市的信息也是必要的：比如隔夜美股的走势，（A+H）股对应的当天港股走势等。

股市利好和利空的消息只是外因。有时候，股票在高位，主力资金照样借利好出货，股票大跌；股票在低位，大势不好，主力拉了没散户跟，主力资金照样会借利好出货，股票还是跌。只有低位出利好，股票才有可能上涨。

利弗莫尔在观察和研究股市半年后，开始进入股市。因为这半年，他已经具备了预测股票走势的基础。

对A股来说，因为是T+1交易，你在买股票时，至少应该预测一下明天的走势会怎样，比如一只涨停股，第二天在高位放量了，根据一般经验，第二天必然下跌，这时候就不要追涨；而当天开盘就是最高价的股票，第二天下跌概率也很大，你不要去抄底。当股票走势符合你的预期或者比你预期还要强的时候出手，胜率往往比较大。只要你操作正确了，赚钱是自然而然的事情。

利弗莫尔享受交易的乐趣，就在于他总是让股票走势来验证自己的推测是否正确。而扎实的看盘、复盘基础和科学操作习惯，让利弗莫尔的投资很顺利，20岁就赚到了1万美元，这笔在今天相当于千万元大户的巨资，可以买30辆汽车，而当年一辆福特T型汽车的价格是360美元（当年是金本位，美元和黄金挂钩，贬值速度可以忽略不计）。

市场永远是对的，股市里的错误就意味着真金白银的损失，所以散户在进入股市时，一定要认真学习股票大师的经验，多总结赚钱经验和亏钱教训，其中最重要的是：要学习利弗莫尔的预判思维。

预判错误并没有什么，反向操作照样赚钱，因为股市无非就是涨跌两个方向；逻辑上想通了，操作赚钱就很容易。

股市技术分析到底有没有用，如何多赚钱少亏钱？先说结论：肯定是有用的，经过实战你就知道了。股市技术国外有波浪理论、江恩理论，国内有缠论，但总体而言，以K线指标为基础的技术分析对股票走势预判是很好的参考，一般用5分钟K线指标和30分钟K线指标，综合确定每天的买卖点，相对来说客观准确。

按照大势和板块复盘分析，中长线做主赛道的ETF，很多人2020年6～8月三个月做下来收益超过40%，而你在场外基金就达不到，今天涨明天跌，难以躲大跌后吃肉。

预判就有准确率的问题，这跟天气预报是一样的。有的人要求每天百分之百准确率，否则就说技术没用。这种人扪心自问一下：你自己每次考试得多少分？再厉害的人也有考砸的时候吧？

有一个办法倒是能实现百分之百准确率：股市技术分析是死的，人是活的，预判错误了，可以反向操作，因为股票不是涨就是跌，多数时候也赚钱。所以说，有些人亏钱是因为股市技术水平差，有些人亏钱是因为思维水平低。

A股的短期和中长期波动也经常受到一些因素的影响，比如国家政策、美联储加息导致的全球股市环境，还有央行政策对资金面的影响，以及散户交易心理影响，这也是复盘要看的，对股市和股票走势进行综合预判。所以要成为股市高手，综合素质要很强：信息认知能力、技术分析能力、逻辑思维能力、随机应变能力都要很强，缺一不可。股市如人生，有时还要站在概率学和辩证哲学的高度去认识，根据股市变化进行相应操作赚钱。

## 第六节　价值投资也要学会止盈和止损：逐步建仓和减仓

"长线看价值，中线看波段，短线看节奏"，就算是价值投资也要学会止盈和止损。

在A股，很多散户喜欢满仓或重仓频繁操作，这是不正确的做法。价值投资买股票和场内基金，也要学会仓位控制，把握好中线波段和短线节奏非常重要。大势好时重仓吃肉，大势不好时轻仓躲大跌。

很多散户不知道何时买，何时卖，经常是一买就跌，一卖就涨。如何解决这样的烦恼？逐步建仓和逐步减仓，把握准短线节奏，边战边退灵活调节仓位，就可以有效应对这个问题。

什么叫逐步建仓和逐步减仓？顾名思义，就是股票或ETF涨了逐步买入和逐步卖出，比如你用5分钟K线，你判断一个卖点来了，就先卖一半，如果回落，说明你卖出是对的，继续卖出；如果卖出之后涨了，说明你卖错了，那剩下的就不动了，甚至可以再买回来；要买入也是逐步建仓买入，只不过是低点买入一部分，一般要试盘一下，如果判断正确，符合预期再加仓。

总的来看，逐步买入法和卖出法要把握好一个原则：对了就继续操作，错了就更正错误。这是一种比较稳妥的操作，防止你一卖就涨，一买就跌，因为没有人能把所有股票都卖在最高点或者买在最低点。散户买在底部区域，卖在顶部区域，就很好了。只要把握准了基本趋势和方向，波段操作，就可以放大利润。

当趋势上涨时，散户要学会低吸和加仓；当趋势下跌时，散户要及时减仓。一般仓位配置应该是"金字塔式"，股价在相对底部，低位，则仓位高，越上涨加仓越少；下跌过程卖出也是逐步卖出。

买错被套了怎么办？要设置止盈点和止损点：逐步止盈，一般会保留底仓，保留底仓是个好习惯，预判错了会立即反向操作。止损点一般是3个点：如果一只股票不管什么原因，若持仓亏损3个点，果断减仓；亏损6个点，果断清仓，因为你买股票是为了赚钱，亏钱了说明你判断错了。

对于T+1的A股，技术不好的人最好尾盘交易：每一次尾盘买股票和买 ETF，尾盘交易是指下午 2：40 以后再买股票，第二天早盘（上午 9:30 到 10:00）冲高卖出。

在 A 股选股票，首先要选龙头股和主力强势股；所谓龙头股，比如，白酒龙头股首先是贵州茅台，其次是五粮液等；主力强势股，是指那些上涨具有持续性的股票，简单点说一段时间都是涨的。

选对了 ETF 和强势股，看清了大盘和板块走势节奏，基本上就能吃大肉了。一般早盘拉升就可以逐步收红包，下午没有大风险或者低位可以接回来。

卖点：有的人只会买，没有及时卖，实际上，卖点将 5 分钟 K 线和 30 分钟 K 线结合起来会比较准确：因为主力操纵一只股票，最多一两分钟，但是连续 5 分钟和半小时控盘，一般很难做到，会形成一个市场趋势；卖点一般是顶部放量，就是成交量突然放大，说明卖盘增多了；结合压力位就比较准确。

"长期看价值，中线看波段，短线看节奏"，本质上是价值投资，只不过利用股市技术，是短线、中线和长线相结合的价值投资，适合震荡大势的 A 股，放大利润。目前，这种方法主要针对的是股票和 ETF，ETF 本质上也是"一揽子"股票。

场外基金实际上要看长期趋势，采用波段交易场内基金的方法来玩对应的场外基金。场外基金，"书声说财经"提出了"20% 止盈定律"，也就是说，不管什么基金，震荡市场如果你的收益达到了 20%～30%，就赶紧止盈，等待下一次入场机会，这是震荡大势场外买基金的最佳策略。很多没搞懂这句话的人后悔莫及，没有及时收红包，结果又跌回去了，有人还加错仓亏钱。

当然，如果是牛市，基金和股票就可以价值投资长期持有。当熊市或者大势弱势时，散户要控制好仓位和风险。

总的来看，当震荡市场或者熊市时，散户价值投资要学会止盈和止损，而不是长期满仓持有。

### 第七节　如何复盘：看懂 K 线图

A 股的短期和中长期波动经常受到一些因素的影响，要从信息面、技术面、资金面、交易情绪面去分析和复盘。就技术面而言，看盘和复盘主要看 K 线指标。股市有"一根K线定乾坤"之说：得益于现在软件技术的发展，K线已经成为股票和股市最重要的技术指标，其对判断大盘、个股、基金走势都有用，因为基金本质上是股票。

"书声说财经"提出的"长线看价值，中线看波段，短线看节奏"分析股市的逻辑框架，主要也是看K线趋势，5分钟K线、30分钟K线、日K线、周K线、月K线;K线包含的基础信息有：股性强弱程度、成交量、压力位、上影线、下影线等。

股民和基民通常说的大盘强势，是指K线呈上升趋势。通常说的选强势股，就是选K线上升趋势。大盘强势，仓位可以重一些，比如六七成仓位；大盘弱势，仓位就是一到三成的个股，轻仓观察。震荡市市场一般保持四到五成仓位即可。

个股也是一样的，要选明显上升趋势的个股，尾盘交易第二天冲高卖出，这是A股屡试不爽的一种赚钱方法。冲高卖出点，一般用5分钟K线来确定：当5分钟K线成交量迅速放大，收上影线，这就是卖出时机。这个成交量是跟前5分钟相比，比如前5分钟成交量1000万，急剧放大到3000万，则说明抛压大，需要卖出。

会买、会卖，基本上股市就算入门了：上升趋势，持有；下跌趋势，不要加仓，直接卖出。

如图4-2所示，以天齐锂业为例详解5分钟K线和30分钟K线结合法：买入点一般是下跌缩量，下长影线；上涨时底部放量也是买入信号。卖出点一般是放量滞涨，长上影线。

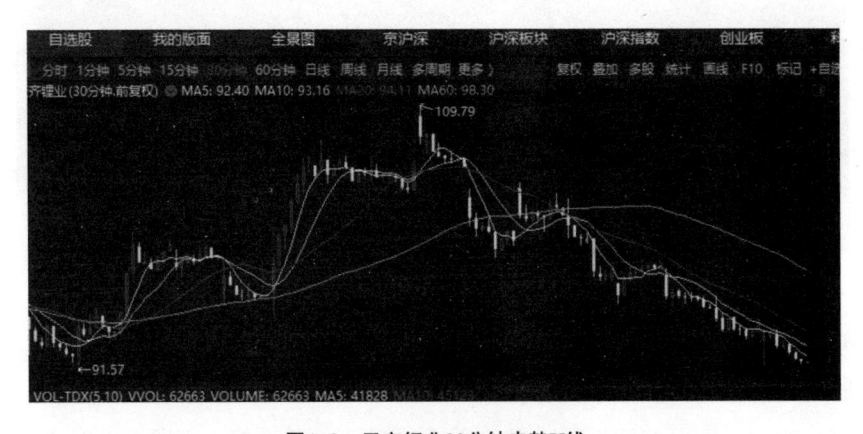

图4-2 天齐锂业30分钟走势K线

5分钟K线和30分钟K线量价结合法是15年实战中摸索出来的确定买点和卖点非常实用简单的方法，再结合大量看盘和实战经验去反复验证，保持盘感，提高预判准确率，熟练之后基本上能卖在最高点。

总结一下，"长线看价值，中线看波段，短线看节奏"。散户短线节奏看5分钟K线和30分钟K线趋势，中长线看日K线、周K线趋势。长中短线结合起来看价值投资，胜算会较大。

## 第八节　价值投资也要择时：躲大跌后再抄底吃大肉双倍快乐

在A股，价值投资也要择时，不管是买股票还是买基金，这是不言而喻的真理，是由A股的特点决定的。散户多，机构少，机构散户化倾向明显，容易暴涨暴跌。而低价买，高价卖，是择时的关键，是散户赚钱的基础。

以股票为例，2019年1月～2022年9月，三一重工呈现典型的"人"字形走势，散户若在2019年1月～2021年2月之前任何时候买，都会赚钱。但是2021年2月之后，不管怎么买都会亏损，如图4-3所示。

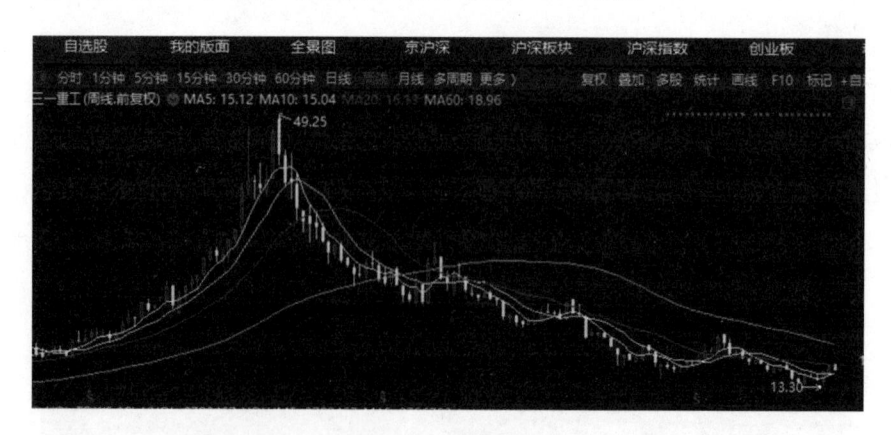

图4-3　三一重工周K线

股票交易需要择时，价值投资也不例外。

股票的择时，第一要选择合适的入场时机，最好是在股市上涨趋势中，因为大势好，股票上涨可持续性强，散户无论追涨还是低吸都会赚钱。大势不好，股票上涨可持续性不好，散户追涨被套，低吸也会被套。

一般一只股票总是处于四个阶段当中：底部阶段，上涨阶段，震荡横盘阶段，下跌阶段，时间或长或短。

散户最好预判大概率赚钱时再出手：因为买股票就是为了赚钱，这是最简单、最直接的目的。所以，投资者要买在底部阶段和上涨阶段，震荡横盘阶段如果不能向上突破，及时抛出。

不碰任何下跌趋势的股票，这是散户交易必须遵守的"铁律"。

价值投资股票的择时，最好低吸，或者尾盘交易。经验表明，散户赚钱的利润大多来自第一次就预判正确的操作，如果一买就亏钱，散户交易的整个心态就变了。

价值投资的择时，还体现在底部预判，可以有效放大利润。比如，在下跌趋势中，如果股票出现双底的形态，适当抄底。

另外，择时有时候体现在超跌底部的预判。有一句名言："别人贪婪时我恐惧，别人恐惧时我贪婪"，因为股民的交易心理就是这样的：当超跌到一定程度时，股票会反弹；当大涨时，主力出货，散户反而要抛出。

在A股价值投资，学会在合适的时间买，在合适的时间卖，这种择时，对股票和基金交易都很关键，甚至比买什么重要。

金融投资里有一个重要的概念，叫明斯基时刻，是哈佛大学经济学博士海曼·明斯基提出来的。他的金融不稳定性假说被华尔街奉为金融领域的经典理论，明斯基也是世界上第一位提出不确定性、风险及金融市场如何影响经济的教授。

明斯基时刻主要是说在经济繁荣后债务杠杆率上升到一定程度，就会发生金融危机，资产价格暴跌，泡沫破裂，产生漫长的去杠杆过程。

明斯基时刻不仅对楼市适用，对股市也适用，最典型的例子是日本的经济泡沫破裂：日经225指数在1989年达到高点，土地价格在1991年达到高点，经济泡沫开始破裂，陷入了长达20多年的停滞不前。

简单地说，明斯基时刻就是由盛转衰的转折点。2020年全球股市的杠杆加到了极致，而很多股的估值溢价泡沫也大得惊人，动辄万亿元市值，已经到了杠杆巅峰状态，一旦超出人们的心理预期，就会迎来明斯基时刻。国际大宗商品价格，在这两年也都达到了高点，比如黄金 2100 美元、白银 30 美元、铜价 9600 美元，各种化工产品、铁矿石期货、焦炭、油气都涨到了泡沫阶段，这种虚假的繁荣，由美元等货币放水堆积的泡沫，出现了转折点。

2022 年，美联储和全球央行都在加息，全球股市和债市都暴跌，没有行情。美联储开启加息模式，全球股市和基金会遭遇狂风暴雨。不过，好在我国外汇市场基本稳定，金融市场的杠杆率整体来说不高，所以相对来说还算稳定。

每一轮股票泡沫破灭时，都由基民埋单，要想逃顶，就要学会及时止损。趁着反弹可以逐步收缩战线。

高位就是风险！要规避高位泡沫资产风险，注意控制好投资的仓位和节奏，不要高位接盘泡沫大的资产！牛市来了，持股不动，相对简单。熊市来了快跑，买什么都会亏钱。

总的来看，在 A 股市场震荡时的赚钱方法，概括起来就是六个字：躲大跌、吃大肉。实际上分为两种情况：躲大跌后抄底吃大肉，吃大肉后再躲大跌。也就是说，买和卖的节奏非常重要，甚至超过了选择板块本身，因为震荡格局的市场多是板块轮动行情。比如 2020 年 9 月市场，就是主赛道和白酒、医疗之间的板块轮动，主赛道高位资金出来，抄底白酒和医疗板块博一个短线反弹，然后获利后再抄底主赛道。躲大跌后吃大肉，吃大肉后躲大跌的原理很简单：你先搞清楚股票和场内基金有长期趋势和短期走势之分，长期下跌，但跌多了短线也会有反弹；长期上涨，短期也会有调整，把握好短线节奏即可。

# 第五章　基金的价值投资

股票基金，是一种中长期的股市投资，和价值投资有很多相通的地方，但比股票风险小。当然，收益率也相对较低。股市的任何一笔投资，风险和收益一般成正比。想要价值投资基金赚钱，不是一件容易的事情。

基金是 1998 年才进入 A 股股民视线的金融产品。近年来规模迅速扩张。发展到 2022 年，公募基金和私募基金规模已经近 50 万亿元，基民 7.2 亿人。

简单地说，股票基金就是散户凑钱，请专业基金经理来给你打工买股票，"聚沙成塔"。当然，散户每年付给基金经理管理费，基金管理费每年一般在 1.5% 左右。

如果散户想在投资基金中实现财务自由，就必须全力以赴学习基金投资知识和买卖基金的实战技巧。

## 第一节　手把手教你如何价值投资基金

基民，延伸于股民，最近 5 年迅速增加。基金持有人被人形象地称为"基民"。随着 2019 年开始的这波基金行情，中国基民现在已经突破了 7.2 亿，基金已经成为大家理财的标配。刚毕业的大学生、退休的老人，菜市场的大妈都买起了基金。虽然这么多人买基金，但是很多人不知道基金的风险。

2022 年随着美联储大幅加息，股市不少板块的泡沫开始破裂，很多基民都处于亏钱状态，这一年不少基民损失 30%～50%。可以说，买基金躺着赚钱的日子已经一去不复返了，想要赚钱必须真正搞懂基金的价值投资。

我们一起先来了解一下基金交易的基本常识和实战知识。

什么是基金？这里先明确一下，本书中所说的基金多指股票基金，是一种利益共享、风险共担的集体股票投资方式。

股票基金主要通过发行单位发行基金份额集中投资者的资金，由基金托管人托管，由基金管理人管理和运作，投资股票、债券、外汇、货币等金融工具，以获得投资收益和资本增值。其实，买基金就是把资金交给基金经理，让基金经理负责投资赚钱。

在学习基金的价值投资之前，要先了解一些基金投资的常识，比如：

认购基金：在基金首次募集期购买基金的行为称为认购。认购期结束后基金一般会进入不超过3个月的封闭期。认购费通常为认购额的1%。

申购基金：基金封闭期结束后，投资者若申请购买开放式基金，习惯上称为基金申购，以区分在发行期间的认购。申购费是申购期间，投资者购买基金付出的费用。一般为1%～1.5%。

赎回基金：投资者卖出所持有基金份额的行为。

基金有赎回费，一般与持有时间有关。持有时间越长，赎回费越低，甚至免收。持有时间不足7天，通常按1.5%收取。超过7天，不满6个月的按0.5%收取，超过6个月收取0.25%，有的基金3年及以上的基本免收，这也是为了鼓励基民长期价值投资。

基金管理费是支付给基金管理人的管理报酬，也就是基金管理人赚到的钱。每年费率通常为1.5%。债券型基金一般低于1%，货币型基金一般低于0.5%。这是一笔不小的费用，基金规模越大，基金经理报酬越高。而且无论基金亏损还是赚钱，基民都要付管理费。

分红是指基金收益的分配，一般有现金分红与红利再投资。投资者可选择获得现金红利或将现金红利自动转为基金份额进行再投资；若投资者不选择，则基金默认的收益分配方式是现金分红。分红是基金的主要收益方式之一，跟股票一样，在A股一般基民很难靠分红赚到钱。

货币基金，市场上常见的"宝"类基金，一般看7日年化收益率。7日年化收益率是货币基金过去7天每万份基金份额净收益折合成的年收益率。例如，某货币基金显示7日年化收益率为3%，那么投入10000元：持有一年收益为10000×3%=300元；每日收益为300/365=0.82元。因此，7日年化收益率只能当作一个短期指标来看，通过它可以大概参考近期的盈利水平，但不完全代表这只基金的实际年收益。

基金的操作跟股票操作一样，也有一系列的专业术语，比如：

建仓：是指一只新基金公告发行后，在认购结束的封闭期间，基金经理用该基金第一次购买股票。对于基民投资者，建仓就是指第一次买基金。

持仓：投资者手上持有的基金份额。

加仓：是指建仓时买入的基金净值涨了，继续申购。

补仓：是指原有的基金净值下跌，基金被套一定的数额，这时于低位追补买进该基金以摊平成本。

被套：简单地说，就是投资人以某净值买入的基金跌到了该净值以下。比如每份额1.2元买的跌到了0.98元，也就是说投资人被套0.22元。

满仓：就是把投资者所有的资金都买了基金，就像仓库满了一样，一般不要满仓。散户容易亏钱，就是喜欢满仓操作。

半仓：用一半的资金买入基金，账户上还留有一半的现金。如果是用70%的资金叫7成仓。依此类推。例如投资者将2万元中的1万元买了基金，就是半仓，称半仓操作。表示没有把资金全部投入，是降低风险的一个措施。

重仓：是指这只基金买某种股票，投入的资金占总资金的比例最大，这种股票就是这只基金的重仓股。同理，如果投资者买了三只基金，70%的资金都投资在其中一只上，那么这只基金就是投资者的重仓。

轻仓：轻仓相对重仓而言，一般1～3成仓位。

空仓：把某只基金全部赎回，得到所有资金。或者某人把全部基金赎回，手中持有现金。

基金的种类有很多，根据不同标准可以将投资基金划分为不同的类型。下面我们来看看各类基金产品的分类，如何才能挑选到优质的封闭式基金？如何才能使购买的基金实现投资收益的最大化呢？

其一，看一只封闭式基金是否有投资的价值。其二，看分红，虽然折价率是我们选择封闭式基金的一个重要指标，但并不是唯一指标。分红也是我们挑选好的封闭式基金的一个重要指标，投资者选择的封闭式基金，只能选择现金分红的形式。其三，看封闭式基金的净值增长率，增长率大的，业绩就领先，反之，业绩相对落后。除上述指标外，还要看选择基金的重仓股、所选基金的基金公司、基金经理的综合水平，基金的评级情况也是需要综合考虑的指标。

根据投资对象的不同，基金可以分为股票型基金、债券型基金、货币型基金和混合基金。

股票型基金：是指80%以上的基金资产投资于股票的基金。从风险角度来看，股票型基金的风险远高于其他类型的基金，但在牛市中，股票型基金的收益也高于其他类型的基金。与此同时，股票型基金还具有流动性强、易变现等特点，因此受到投资者的喜爱。

股票型基金大部分资金是投资于股市的。所以，基金的净值大小跟随股市的波动而波动。在牛市中，股票型基金的净值会提高，在熊市中，基金的净值会下降。在选择股票型基金之前，投资者要先判断出股市的大势，如果是牛市，选择股票型基金会取得不错的收益。但如果是熊市，"书声说财经"建议选择其他类型的基金。

债券型基金：债券基金是指80%以上的基金资产投资于债券的基金。债券基金通过集中投资者们的资金，对债券组合进行投资，谋求较为稳定的收益。在国内，债券基金主要投资于国债、金融债和企业债等债券。一般情况下，债券风险低于股票，能够为投资人提供较为稳定的回报。所以，债券基金相较于股票基金，具有收益稳定、风险较低的特点。

货币型基金主要投资如短期国债、回购、央行票据、银行存款等，适合流动性投资工具，是储蓄的替代品种。其主要特征是低风险、本金"亏本"是小概率事件；资金流性强、赎回很快，投资成本低。买货币基金一般免手续费，认购费、申购费、赎回费都为0；定期收益、每日计收益、按月分红利。此外，货币型基金还有一个显著的特点：只有一种分红的方式，即红利再投资。

市场上常见的还有混合型基金，是指同时投资于股票、债券和货币市场等工具，且不符合股票型基金的标准。其风险低于股票基金，预期收益则高于债券基金，为投资者提供了一种在不同资产之间进行分散投资的工具，比较适合较为保守的投资者。

混合型基金有哪些种类呢？一般来说，混合基金根据资产投资比例及其投资策略可再分为偏股型基金（股票配置比例50%～70%、债券比例在20%～40%）、偏债型基金（与偏股型基金正好相反）、平衡型基金（股票、债券比例比较平均，在40%～60%）和配置型基金（股债比例按市场状况进行调整）等。

一般而言，股票基金的风险高于债券基金、货币基金，收益率相对较高。对基金而言，还是那句话，收益和风险成正比。

根据投资理念的不同，基金可以分为主动型基金和被动型基金。

主动型基金：是一类力图取得超越基准组合表现的基金。

被动型基金：并不主动寻求取得超越市场的表现，而是试图复制指数的表现。被动型基金一般选取特定的指数作为跟踪对象，通常又被称为指数基金。指数型基金可以分为两种，一种是纯粹的指数基金，它的资产几乎全部投入所跟踪的指数的成分股中，永远是满仓，即使市场可以清晰看到在未来半年将持续下跌，它也保持满仓状态，不做积极型的行情判断。另一种是指数增强型基金。这种基金是在纯粹的指数化投资的基础上，根据股票市场的具体情况，进行适当的调整。

还有几种常见的特殊基金：

ETF基金：是指交易型开放式指数基金，通常又被称为交易所交易基金（Exchange Traded Funds，简称"ETF"），是一种在交易所上市交易的、基金份额可变的开放式基金。

LOF基金：是指上市开放式基金（Listed Open-ended Funds，简称"LOF"）是一种既可以在场外市场进行基金份额申购赎回，又可以在交易所（场内市场）进行基金份额交易、申购或赎回的开放式基金。

QDII基金：合格的境内机构投资者QDII（Qualified Domestic Institutional Investor），是指在我国境内设立，经有关部门批准从事境外证券市场的股票、债券等有价证券投资的机构投资者。QDII基金与普通证券投资基金的最大区别在于投资范围不同。QDII基金，简单地说，就是主要投资于其他国家地区的基金（股票、债券、商品等），是低门槛全球化配置资产的便捷工具。

在哪里买基金呢？开放式基金可以直接在基金公司网站（需开通网银）或通过各个银行购买。封闭式基金必须开通股票账户，像买卖股票一样购买。有的基金起始投资资金是1000元,基金定投是200元起。

现在不少基金平台都可以买卖基金。投资者可以在基金公司、银行或证券公司开立基金账户。选择银行网点或证券公司等代销网点交易的投资者,需要前往相应网点开通证券交易功能。在开户时,投资者要设立三个账户,分别是基金资账户、注册登记机构账户(也就是基金账户)和基金交易账户。

基金购买渠道有很多,不同的渠道,其便利性、费用、提供的服务都有较大差别。基金销售形式的多样化,给投资者带来了更多选择。

当前,主流的三种购买渠道是基金公司直销、银行代销和证券公司代销。基金公司柜台直销和网上直销,银行是最传统的代销渠道,通常基金公司会将该只基金的托管行作为主代销行,中老年基金投资者喜欢选择银行代销的基金。因为银行网点众多,比较便利。年轻人现在都喜欢在互联网平台上买基金。

证券公司也是一个传统的基金代销渠道,投资者即可通过证券公司直接开立基金公司的基金账户并买卖基金。对于拥有股票账户的投资者来说,通过证券公司App可以在二级市场上买卖ETF和LOF基金。另外,通过证券公司购买基金还可以获得一定的费率优惠。

## 第二节　价值投资者如何选择股票基金

股票基金的本质是基金经理给你买股票,买基金是一项中高风险投资。中国银河证券基金研究中心发布最新数据显示,2022年上半年基金利润总额 -6401.83 亿元,股票基金 -2568.26 亿元、混合基金 -5324.88 亿元、QDII基金 -234.72 亿元,也就是说,上半年公募股票基金使基民大约亏损了8000亿元,私募基金估计差不多,按照亏损7000亿元算,股票基金使股民亏损1.5万亿元。

2020年散户随便买哪一个赛道的基金都很容易赚钱,但从2021年开始"书声说财经"就一直在网上科普金融常识:基金的本质就是股票,能否赚钱看大环境,在A股购买基金是中高风险投资。散户要想赚钱多读书,使自己变得更加专业一些,买基金稳赚不赔的时代过去了。很多人不听,结果就是自己亏钱。

股票基金只不过是散户出钱请基金经理买股票而已。目前,我国基金经理有

2000多人，如果基金经理不懂得躲大跌，散户不仅要亏钱，还要交管理费和服务费。2022年多数基民亏钱，因为很多基金经理在高位抱团接盘了一大堆所谓的白马股，结果一路暴跌。

基金给股市注入了源源不断的资金。从2020年开始，A股有一段时间几乎每天成交量都在万亿元以上。万亿元成交量的来源主要有以下几个方面：

公募基金和私募基金给股市注入源源不断的"弹药"。据统计，2022年，公募基金规模超过27万亿元，私募基金超过21万亿元。不断有新基金发行，放大了成交量；其中还有10%～15%的高频量化交易。

"书声说财经"在这里解读一下市场上热门的"量化交易"。根据中信证券渠道的调研所了解的情况，量化策略目前在A股市场的成交占比稳定在10%～15%。市场不应夸大量化交易的影响，量化交易或者人工智能技术炒股，都没那么神奇，简单地说，人工设置一些技术参数，无非是助长杀跌，有时候如果主力故意挖个陷阱，机器就跳进去了，所以各家券商和交易平台这种量化交易并不多，平时也就占10%～15%。量化交易跟智能辅助驾驶一样，不是市场交易的主流。

基金不仅可以放大股市的成交量，还可以让散户更方便参与各种市场交易，降低交易门槛。比如，一般散户也可以通过买基金，参与创业板、科创板，甚至美国股市和港股市场，分享这些市场的盈利机会。最常见的是购买指数ETF基金。

例如，2021年9月，北京证券交易所成立了，很多人想抓住这个风口机会，但投资新三板挂牌公司基础层、创新层、精选层的资产要求分别是200万元、150万元、100万元，中小散户只能借道基金参与。

当然，基金的收益和股市行情密不可分。股市没有赚钱行情，基金基本上就没有赚钱行情。反之，基金若有持续赚钱的行情，股市就有赚钱行情，尤其是基金抱团股。同样地，在A股买基金，也是要躲大跌！散户以为的底，有时候是山顶，也有时候是山腰。基金亏钱了加仓或者定投，在下跌趋势时，会亏损更多。很多基民听信那些不懂股市的基金大V说的脱离A股实际的方法，只会亏损更严重。很多年轻人以为基金是低风险理财，买基金就赚钱，这就大错特错了，基金是中高风险的投资，不保证本金，过往历史业绩不代表未来业绩。跌了加仓或者定投也不保证就赚钱，也可能亏损更大，这是那些基金大V不会告诉你的。

所以，在A股买基金也要搞懂股市，顺势而为，波段操作，跟价值投资买股票一样，"长线看价值，中线看波段，短线看节奏"。因为A股没有美股那样的长牛行情，大势长期多是震荡行情。

2022年1~10月，不少明星基金经理被基民们埋怨，因为他们选的赛道，比如白酒、半导体、消费等板块大跌，加上外资不断减持，基金经理躺赚的日子过去了，这也意味着基民躺赚或简单买基金赚钱的日子过去了，要赚钱就得学会搞懂基金的价值投资，长线看价值，中线看波段，短线看节奏。

如果下跌可能是趋势性杀跌，政策性杀跌叠加外资高位套现，调整时间要比预期的长，散户就要控制好风险再吃肉。原来基民学的所谓定投，跌了加仓已经不好使了，趋势为王，中线波段操作才是接下来基民赚钱的关键。因为基民如果长时间亏钱，那没有几个人能有耐心和足够的钱补仓，这是人性的弱点决定的。

A股很多赛道股的行情，本质是基金接力的游戏。股市赚钱的关键，要明白这一点：A股特色的基金市场，宁可少赚一点，也不要无视趋势和连续下跌风险。

买股票基金之前，散户先了解一下基金的基本面，这是基金的初级玩法。一是先看业绩。虽然历史业绩不代表过去，但看业绩也是了解趋势。基金的投资收益与股票的投资收益一样，具有波动性和风险性。因此，投资者在进行基金业绩评价时，不仅要考虑基金的单位净资产净值和投资收益率，还应根据每只基金的投资风险水平对上述指标进行必要调整。目前，国内一些专业报刊和基金网站往往会定期公布一些常见的经过风险调整的基金业绩评价指标，投资者可以根据这些指标对基金业绩进行综合评价。在选择基金品种时，投资者首先需要了解的是管理这只基金的基金公司，查看它的股东结构和历史业绩，这些信息从公开资料中都很容易找到。投资者应该选择规模大、信誉好、尊重投资者的基金公司，要摒弃贪图便宜、"买跌不买涨"的心理，选择那些过往业绩好的基金，中长期持有。

二是看基金经理。有人说"买基金其实就是买基金经理"，这话是很有道理的。基金经理的水平如何，操守如何，应该成为散户是否购买某只基金的重要参考指标。投资报酬率是投资者在持有基金的一段时间内，基金净资产价值的增长率。

三是看风险指标。夏普比率又被称为夏普指数，由诺贝尔奖获得者威廉·夏普于1966年最早提出，目前已成为国际上用以衡量基金绩效表现的最为常用的一个标准化指标，基金在公开信息里有。夏普比率越大，说明基金单位风险所获得的风险回报越高。

投资者在选择基金产品时，最重要的是考虑自己的风险承受能力及投资期限。激进投资者适合将资金的较高比例用于购买风险较高的股票型基金；稳健型投资者则可以考虑投资股票型基金、债券型基金及货币型基金；保守型投资者则不适宜买入股票基金。

"风险系数"和"夏普比率"是两项经过风险调整后的收益指标。如果一只基金的风险系数为"低"，夏普比率为"高"，则说明这只基金在获得高收益的同时只需承担较低的风险，基金业绩表现更稳定，专业研究机构也往往给这种基金比较好的等级评价。因此，投资者在选择基金时应将基金排名与上述两个指标综合进行比较，以上只是基金的初级玩法。

但最重要的是看基金的十大重仓股，看其是否高估，是否还有投资价值，何时买入基金，这是价值投资基金的高级阶段。

曾经，"书声说财经"因为这个显而易见的事实和一个不懂股市的基金大V"吵"了一架，被说是用炒股票的方法玩基金，其实，这叫从股票的本质去分析基金。要从基金的本质是股票去预判基金走势，基金也应该躲大跌，在控制好风险的基础上再吃肉；2021年A股震荡市场验证的结果是书声说财经的观点对了，基民及时止盈，躲过大跌后再抄底拿反弹红包无比正确。

投资基金，"书声说财经"还有一些经验。比如，如果没有"牛市"，买基金有20%～30%的利润时学会止盈。买基金的风险相对股市较小，但最好不要超过投资者可支配收入的30%，用闲钱投资，这样遇到大波动，心态才会平和。

投资是一辈子的事情，一时的成功或失败都不算什么，重要的是要及时总结经验和教训去赚钱。买股票和买基金亏钱并不可怕，可怕的是不知道自己为什么亏钱，以后犯同样的错误。

总之，买卖基金的要点，是从本质出发，复盘基金重仓股的走势来预判基金风险，长线看价值，中线看波段，短线看节奏。这个方法是"书声说财经"在全网第一个提出来的，当时在基金圈有争议，但A股市场走势证明这是对的，因为多数人买的基金本质就是基金经理买了一堆股票；基金重仓股有大风险，基金当然就有大风险。震荡市场，就要把握好短线节奏，做好中线波段。

另外，对于股市的预判思维，"书声说财经"再多说几句：散户要是懒得去研究股市的技术面、资金面、消息面、交易情绪面，也不花时间去看盘和复盘，那预判对你来说确实是天方夜谭；股票预判不可能100%正确，但有了70%的准确率，你就可以稳定盈利；更何况，你买股票或场内基金是为了赚钱，而不是为了预判，预判错了，反向操作还是可以赚钱的。

在A股购买股票或基金，要坚持实践是检验一切理论的标准，大盘是检验一切观点的标准，你的账户亏钱了，就说明预判错了；预判对了你就会赚钱。

在A股，不管是买基金还是买股票，"书声说财经"的投资理念都是把风险控制放在第一位，因为这是一个风险大于机会的融资市场，不要因为靠运气赚一点钱就沾沾自喜，如果控制不好风险，几个月赚的钱，几天或者一周就能亏回去。

散户要想在A股买基金赚钱，就要学习并真正搞懂基金是什么，基金有哪些风险，买基金赚钱难在哪里。坚持做自己认为正确的事情，是否正确，让市场来验证。从股票本质去分析基金，理论联系实际，把控制风险放在第一位：长线看价值，中线看波段，短线看节奏。

除了分析基金的基本面，基民如何价值投资买基金？要不要择时呢？先看一个例子，2022年7月22日，中证1000股指期货和期权等衍生品工具上市，各家券商也都大力推广，这对A股是利好吗？也要复盘股票走势，在A股买基金要耐心等待合适时机。

中证1000指数基金相当于买1000只股票，想赚钱就得股市有大行情。如果碰到股市是震荡市或者熊市，不会择时买卖基金，这个指数得收益率可能还不如在银行里存5年定期。复盘看，因为A股在2022年5～7月已经反弹了三次，7月22日入场时机不是很好。结果，中证指数基金一发行就连续下跌，2022年8月下跌5.15%，9月暴跌9.27%。

牛市买基金、震荡市买基金，预期收益率是不一样的，卖点不一样。震荡市买基金，收益率达到 20% ～ 30% 就要及时收红包，不要贪婪，否则可能亏回去或被套。有人问熊市如何买基金赚钱？这个问题懂股市的人都不会问，熊市 A 股散户只能躲大跌，不管股民还是基民。

永远不要在股市下跌阶段买入和持有股票或基金。在 A 股，基金本质也是股票，当股市处于下跌趋势时，基金经理不再抱团，基金也会连续下跌。反之，基金不断上涨，这就是 A 股的价值投资。下跌阶段稳定持有？你可以在 A 股试试。不管是股票还是基金，只会让自己显得愚蠢，除非遇到牛市，跑得快跑得及时才是真本事。当然，你要是学会了何时空仓，那是非常厉害的人物，这其中要克服很多人性弱点和欲望。

如果你不想亏损更多，躲过每一波大跌，你的平均收益率肯定不错。其实你不用百分之百躲过每一次大跌，躲过多数下跌，你就可以保住大部分利润，稳定赚钱。

基金的本质也是股票，当基金重仓股趋势见顶逆转，"人"字形走势教你做人时，比如白酒基金和消费基金重仓股都是下跌趋势时，就不应该继续定投或加仓，跌了加仓只会让你亏得更惨。为了躲避基金这种连续下跌趋势，"书声说财经"提出的方法是场外基金转场内基金避险，躲大跌后再吃反弹的肉；连续下跌趋势的基金适合如此避险。

对于"基金 20% 止盈定律"，这里再详细说一下：买基金不是要不要止盈的问题，而是你会不会止盈的问题。在震荡市场，A 股基金收益 20% ～ 30% 止盈永远正确，这句话是多年看盘经验和实战得出的结论。在 A 股玩基金，不管是场内基金还是场外基金，当一波收益达到 20% ～ 30% 收红包，是因为你买的基金本质就是股票，当一个板块不管是上涨还是反弹，30% 是一个重要止盈点位；震荡走势，很多基金重仓股票都在高位，你要是太贪婪，可能你持有 3 个月的收益，一周就跌没了。

震荡市场，基金一年的收益达到 30%，你就能打败 90% 的基金经理和 95% 的基民，不要再贪婪，要学会知足；否则 A 股会教你"人"字怎么写。基金不是暴富的理财工具，一个波段，年化收益率达到 30% 就很好了。

总体来看，除非是牛市，老股民都知道只吃"鱼身"，吃"鱼尾"刺多容易卡喉咙，购买基金也是一样的，学会止盈和止损一样重要。

极端情况下，如果股票都大跌，大多数人买的股票基金也会大跌，损失惨重；发生股灾时，基金也逃不出去，这是常识。以2015年6月中旬的股灾为例，股市千股跌停，基金的重仓股卖不出去；而基金同样面临巨额赎回风险。基金赎回超10%就叫巨额赎回，遭遇巨额赎回的基金一是会延期赎回，因为基金经理卖不出去股票，他也没钱给你；二是按比例分配，把手头有的钱按资金赎回比例分配，比如你赎回1万元，可能到账只有10元。这就叫基金的流动性风险。一般人买的股票基金本质上就是股票组合，如果出现股灾，基金也跑不出去，净值连续大跌，收益率暴跌。以2000年美国科技股泡沫破裂为例，美国科技基金的平均收益率从1999年的128%暴跌到2000年的-37.3%，2001年和2002年分别跌了21.5%和35%，美国所有科技基金都面临巨额赎回，不少惨遭清盘。可见，基金逃顶很重要。想买基金赚钱的人，也一定要搞懂股市，多学习一些基金常识和操作技巧，这样价值投资基金才会有合理的回报。散户要搞懂基金的本质就是基金经理给你买股票，这样不至于买基金大亏，还不知道为什么。

## 第三节　基金被套了怎么办

网上很多基民粉丝说，相对于2020年和2021年，2022年买基金的基民太惨了。无论买哪只基金多是亏钱，很多人被套牢。怎么办？如何回本？

复盘看基民2022年买的基金，截至2022年9月30日，买美股基金，亏钱；比如广发纳斯达克100ETF基金，近一年下跌19%；买半导体基金，国产替代概念，比如诺安成长混合基金，近一年跌幅31.26%；买港股价值投资基金，比如广发港深新机遇股票基金，近一年大跌34.4%。

选专业人士，比如获得"金牛奖"称号的基金经理张坤，买他的易方达蓝筹精选混合，近一年下跌17.65%。

选北京大学"医药女神"葛兰的医药基金，比如中欧医疗健康混合C，近一年暴跌35.87%。

投资未来高景气的新能源汽车，比如工银瑞信新能源汽车主题混合A，近一年暴跌26.92%。

买指数基金，沪指从3700点跌到3100点，跌幅近20%；创业板指数从

3500 点跌到 2300 点，跌幅 30%；买科创板，跌幅 30%；无论是定投还是跌了加仓都毫无用处，只会让你亏损更多。

"书声说财经"在全网第一个提出了一个明确的观点，是针对股民说的：无论你买什么股票或者怎么买都亏钱，说明不是你的问题，是市场行情出了问题，这时你一定要学会空仓休息，其实老股民都知道，连续错两三次就应该立即停止操作。

对基民来说也是一样的，无论你买什么基金都亏钱，说明不是你的问题，是市场出了问题，市场行情不好时最明智的做法应该是休息，去工作挣钱，工作一般不会赔钱的。

"书声说财经"在 2022 年年初就给予提醒："2022 年不适合买任何场外基金"。"书声说财经" 2022 年场外基金收益率超过了 99.9% 的基民，打败了绝大多数公募私募基金经理，我是如何做到的，简单两个字：空仓！多数基金经理 2022 年都亏钱，很多基民亏损超过 20%。

"长线看价值，中线看波段，短线看节奏"：2022 年"书声说财经"玩场内 ETF 基金，躲大跌后再吃肉，做中线波段，收益率超 100%。

2019 年、2020 年、2021 年都是基民的高光时刻，复盘看 2021 年 6 月基本上是各基金的山顶了，这是特殊时期全球央行货币宽松的结果，2022 年美联储开始加息，2022 年是基金泡沫破裂的开始，拿着不动当然下跌亏惨。

回本方法有两个：一是场外基金转场内基金 ETF，每天低吸高抛降低成本，最后等反弹回本；二是耐心等一个大底，再加仓等反弹。

这两个方法都需要基民对股市和板块有准确的预判，都不容易。牛市、震荡市和下跌趋势买基金，策略都不一样。

每次基金下跌，总有人给基民打气说"总会涨的"，还列出了 2016 年以来几次抄底成功的数据。但这抄底逻辑犯了一个致命的错误，2016—2021 年前 5 年 A 股大势是震荡市场，长期拿着没有问题。

2022 年股市是下跌趋势，尤其是基金抱团股，下跌趋势明显，散户继续持有每天看着账户亏钱。那么，明显的下跌趋势为何不先躲大跌后再抄底？而且买基金有一个常识，那就是不能用过往业绩来预判未来业绩，相反，过去涨得越高，如果趋势变了，跌得越狠。

2022 年 8 月，百亿级私募基金亏损严重接连道歉。为什么？私募基金和公募基金相比，本来优势是跑得快，但 2022 年很多私募基金经理预判错误，导致大跌没有躲过，很多人在高位接盘，或者在高位震荡时发新基金，散户买入基金时机不对，高位接盘，自然就会亏损。

这也证明了"书声说财经"一直以来的观点：在 A 股玩基金，也需要躲大跌后再抄底吃大肉。也就是说，买基金一定要看板块和重仓股的趋势，选择合适的时机入场。

那么，散户买基金需要注意什么？2022 年以后该如何买基金？2022 年股市一度连续下跌，不少基民加仓或定投被深套，即便年底有一些反弹还是亏损。那么股市震荡趋势时如何买基金，记住以下五条经验：

第一，要用闲钱投资，用自有资金买基金。买基金是中高风险的投资理财，跟买股票没什么区别，所以把控制风险放在第一位，不借贷、不加任何杠杆；千万不要去借消费贷买基金或股票，这是不合法的。

第二，不能只看历史业绩。2021 年涨得好的基金，或者涨幅大的基金，2022 年表现不一定就好，趋势变了，反而可能大跌。

第三，注意基金规模和看基金经理。强者恒强，基金规模太小，如果遭遇大规模赎回，抗风险能力就小；但也不要选那种规模过大的千亿元基金，船大难掉头，回报率也低。基金经理一般任职 5 年以上最好，太年轻了不知道回避市场风险。

第四，分散买基金。跟股票不一样，买基金就是选基金经理给你买股票；多选几只看好的基金，可以分散风险；可以多选几位优秀的"金牛奖"基金经理。

第五，看基金的收益和月 K 线长线趋势，下跌趋势的场外基金坚决不碰，场内基金抄底也须谨慎！比如，恒生科技 ETF 和中概互联网 ETF 这两只基金从 2021 年 7 月 27 日"书声说财经"提示风险以来，一年多暴跌 60%。所以说山顶的风很冷，在 A 股长线价值投资也要看高估还是低估，不懂股票趋势的基民定投或者跌了加仓只会亏损更惨，碰到下跌趋势，基金也要躲大跌！

2021 年 7 月，"书声说财经"是全网第一个提出中概互联网泡沫要破灭的财经大 V，当时很多人坚持说价值投资稳定持有，结果证明"书声说财经""长线看价值，中线看波段，短线看节奏"完全正确，价值投资也要看股票趋势的分析逻辑和框架，因为基金本质就是基金经理给你买的一堆股票。

基金越跌越买，就对吗？大错特错！2021 年 12 月 4 日复盘看，周五晚上美股大跌，中概股和中概互联网股票继续暴跌，看一组数据：跌幅超 20% 的有嘉楠科技跌近 29%；跌幅 10% ～ 20% 的有叮咚买菜跌超 18%，网易有道跌超 17%，36 氪跌超 16%，爱奇艺跌超 15%，金山云跌超 14%，趣头条跌近 14%，虎牙、携程跌超 12%，腾讯音乐跌近 12%。

很多不懂基金和股票的人让散户越跌越买的中概互联网热门股：唯品会跌近 9%，知乎、阿里巴巴、拼多多跌超 8%，哔哩哔哩、百度、京东跌超 7%，网易跌近 7%，腾讯 ADR 跌超 5%。新能源汽车股更惨：理想汽车跌近 16%，蔚来汽车跌超 11%，小鹏汽车跌超 9%。

2022 年 11 月之前，"书声说财经"一直在提示中概互联网基金的风险，因为 2022 年是国际大基金抛售叠加政策利空，2021 年这些股票都被基金抱团炒得极高，都是周期性顶部。当股票见顶趋势性下跌时，越跌越买只会让散户深度套牢。基金也是一样的，定投越多，散户亏损越多，因为股票基金的本质就是股票。当然，2022 年 11 月之后，市场形势发生重大变化，"书声说财经"再次看多了恒生科技和恒生医疗板块的超跌反弹。根据市场走势及时调整自己的预判和策略是必需的，根据市场顺势而为才能赚到钱。

老股民都知道一个股市常识：不要去猜底，老手死于抄底，基金也是一样的，耐心等待见底信号。

买基金跟买股票一样，有一个有效战略：躲大跌，吃大肉。2020 年股市有行情，站在风口猪都能飞。但 2021 年股市和基金只有板块轮动的局部行情，波动加剧，很多人买基金亏钱，这更需要躲大跌和吃大肉。

躲大跌：实际上是把控制风险放在第一位，在 A 股玩，不管是买股票还是买基金，没有风险意识会很危险，走不长远，凭运气赚到的钱，很快会因为不注意风险亏回去。

如何吃大肉：躲过大跌保住利润，在股市双底形态时敢于抄底。买基金看懂趋势很重要。比如，2021 年是基金赚钱年，散户想赚钱要么买基金，要么跟着基金买重仓股。至于基金抄底，最好还是根据"长线看价值，中线看波段，短线看节奏"，去复盘分析股市的相对底部，"金字塔式建仓"，也就是说，在底部区域越下跌越买入，降低成本，成本越低越安全。

这里要注意，场内基金比如ETF随时买卖，低吸高抛。但场外基金的手续费高，最好是波段操作，波动小操作意义不大。

什么时候买基金比较容易赚钱？如何买基金？有几条实战经验：买场内基金要讲究天时，一般是底仓不动，根据大势和板块走势，加仓高抛低吸。实战经验，一般情况下，11月初加仓，节前加仓，月末大跌后加仓赚钱概率大。

第一，11月初加仓。比如2022年11月初开始布局，不管是买股票还是买基金，都大赚了，因为12月是基金排名战冲刺期，1月是基金吸引新资金的时候，要有行情，这两三个月一般是窗口期。

第二，节前加仓。国庆节、春节前，如果是探底走势，这时候加仓容易吃肉。

第三，月末大跌后加仓。月末一般资金面紧张，股市"老司机"都知道要躲避大跌，这是A股的特性，月末大跌后一般月初资金面会恢复宽松，容易上涨。

当然，股市最大的变化就是不断变化，一般经验要结合股市实际去分析运用，寻找到基金的底部和顶部。复盘和预判看清大势，把握好加仓节奏，基金和股票才能赚到钱。

什么时候买基金？基金买卖要不要择时？买基金不仅要选对板块，买入时机也很重要，如果一买入基金就亏损，比如追高买入基金的人，那么很难长线持有，建议等强势基金有较大回落时买入比较合适。持有基金的投资者可以根据自己的收益或期望收益来灵活处理基金。

买新基金还是买老基金？新基金有一定的封闭期，如果股市处于阶段性高位，"书声说财经"建议还是买老基金随时跑。要注意，老基金涨得越好，越要注意风险，因为股市牛短熊长，连续三年获得高收益在A股基金太难了。

另外，跟社保基金重仓股来配置基金也是一种重要的选基金方法。从近几年的数据来看，社保基金的年化投资收益率非常可观。

## 第四节　ETF基金的交易和发展趋势

从2019年开始，投资理财买基金成了很多股民和基民的标配。A股市场上有两种基金可以选择，一种是最常见的基金经理为你管理的场外基金，另一种是场内基金 ETF，两种基金有什么区别？该选哪一种？

ETF 又叫交易所交易基金，顾名思义，只能在交易所交易，也就是在各大券商的账户上交易，要先开户，因为各家券商 App 都是连接的交易所系统。这一点跟 LOF 基金不一样。LOF 基金的开放性体现在散户在银行或者其他销售平台也可以买。

ETF 简单来说，就是"交易+指数+基金"，交易是指 ETF 跟股票一样能交易，可以做 T 降低成本，可以高抛低吸。不少港股 ETF 可以当天买卖，A 股的 ETF 有底仓可以低吸高抛，可以长线。指数是代表 ETF 跟踪"一揽子"股票；基金不是股票，风险比股票小很多，不存在庄家操纵，因为庄家能操纵一只股票，同时操纵行业所有股票，巴菲特也没这么多钱。

ETF 走势与场外行业基金基本一致，比如散户买白酒板块，场内基金和场外基金走势几乎一致，只不过场内基金要在券商 App 里买，手续费低，任意券商开户都能买，短线也不用交 1.5% 的管理费；A 股高开低走或者诱多走势也可以随时卖出基金收红包。

证券账户里开基金账户，就可以买 ETF 利用波动赚钱，长短线相结合，这是场内基金最大的优势，超跌了还有套利机会；也适合 A 股震荡行情，能随时躲大跌后再抄底吃肉。

ETF 的风险：ETF 的风险主要来自流动性风险，也就是说，如果股市连续大跌，成交量小的 ETF 会产生卖不出去的风险，但是场外基金同样会面临巨额赎不回来的风险。

在交易方式上，ETF 基金与股票完全相同，投资人只要有证券账户，就可以在盘中随时买卖 ETF，交易价格依市价实时变动，相当方便并具有流动性。ETF 与直接投资股票相比，其好处主要表现在两个方面：一方面，和封闭型基金一样没有印花税。买入 ETF 就相当于买入了一个指数投资组合，对中小投资者而言可达到分散风险的效果。另一方面，相比开放式基金，ETF 的申购是指投资者用指定的"一揽子"指数成分股实物（开放式基金用的是现金）向基金管理公司换取固定数量的 ETF 份额；而赎回则是用固定数量的 ETF 份额向基金管理公司换取"一揽子"指数成分股（而非现金）。比开放式基金的交易成本便宜在基金管理方式方面，ETF 管理方式属于"被动式管理"，ETF 操作的重点在于追踪指数。而传统股票型基金的管理方式则多属于"主动式管理",基金经理主要通过积极选股达到基金报酬率超越大盘指数的目标。

总体来看,在A股,行业主题ETF经常出现短时间内大涨大跌,资金也呈现快进快出的现象。长时间震荡的A股行情适合买卖ETF基金。因为ETF买卖是散户自己预判涨跌和操作,所以散户要搞懂ETF基金是什么,如何操作。目前,我国场内基金ETF规模接近1万亿元,为何在A股发展迅猛?

前面说了,ETF在上海证券交易所就叫"交易型开放式指数基金",结合了封闭式基金和开放式基金两者的特点,既可以在一级市场申购和赎回,也可以在二级市场跟股票一样交易;一级市场和二级市场的差价就是套利机会。当一级市场的ETF大规模赎回时,就要注意股票风险。

一般来说,普通场外基金和ETF基金都是跟随板块涨跌,板块涨基金就会涨,ETF有时候涨幅会超过普通场外基金。A股的ETF跟股票一样,是T+1交易,在当天盘中可交易一次,如果盘中发现要下跌,可以随时赎回底仓;也可以在暴跌的时候抄底。普通场外基金只能在收盘价赎回或买入。ETF不用交1.5%的管理费,手续费比场外基金要低很多。但是ETF是自己操作,买卖时机都看自己的判断,而普通场外基金是基金经理为你操作。港股的ETF基金是T+0,当天买,当天就可以卖,不限交易次数,例如,恒生科技ETF、恒生医疗ETF,和股票一样,有代码,交易方便。

散户是购买场外基金,还是选择ETF?总的来说,懂股票交易和买卖基金的人比较适合交易ETF。如果你是股市小白,不知道如何买卖股票,也不愿意学习和搞懂股市,那适合买场外基金,花点管理费让基金经理为你"打工"。

在A股买ETF基金也可以用尾盘交易法长线交易,做好中线波段。尾盘交易法是针对A股T+1交易制度来说的,因为A股股票和ETF都是第一天买,第二天才能卖。一般情况是下午2:30后尾盘买入,第二天早盘10:30前就卖出。尾盘交易法适合震荡整理行情,尤其是大盘有大跌风险时。一般用尾盘交易法来控制风险,第二天主力诱多行情也可以吃肉,所以这个方法非常适合玩A股ETF,熟悉结合技术趋势来运用这个方法,赚钱概率大。那么,尾盘交易ETF买错了要割肉吗?如果你买错了,一般来说并不需要割肉出局,因为ETF本质上是基金,强势的ETF可以拿长线的,振荡行情利用波段做T很容易回本。碰到大跌了，ETF 也可以随时跑。

基民也要加强学习股市技术和知识，想赚钱就让自己变得专业一点，各种股市技术和方法都是熟能生巧，玩好了才能稳定盈利。对 ETF 基金风险也要有充分的认知。2021 年 7 月，教育 ETF 曾连续跌停出现流动性风险。因为很多国内基金经理买的教育股踩雷，这就是不研究国家政策的结果。ETF 的缺点就是在股票极端走势情况下会跌停；但场外基金遇到超 10% 的巨额赎回一样跑不掉。

总结一下 ETF 交易的特点：ETF 本质上是基金，当然风险比股票小很多，走势跟场外基金差不多，可以长线持有。散户一旦看清板块走势，买卖场内对应的行业 ETF 就可以赚到钱，不需要交 1.5% 的管理费。ETF 短线交易有优势：随时买入，手续费低，持有的底仓可以随时跑，高抛低吸降低基金成本；场内基金短线有优势不代表只能做短线，做长线投资也是很好的基金产品，这一点跟场外基金没什么区别，散户的申购赎回时间都由你自己决定，还可以在场内挂单。场内基金为什么规模越来越大？因为 A 股长期是震荡行情，高开低走，诱多行情比较多。场内基金可以随时盘中卖出收红包；相比场外基金而言有很大优势。

2022 年多数的基民亏钱，因为买的是场外基金，千亿顶流的基金亏损多为 20%～30%，公募基金和私募基金都亏钱。但是这并不影响基金经理们收取管理费。基民们亏钱了还要交服务费和管理费，有苦难言。市场还有一种场内基金 ETF 以及指数基金，不仅不需要交管理费，各家券商收费也比较便宜，成本相对于场外基金的高收费可以忽略不计了，更适合散户。

目前 A 股市场上 ETF 规模超过 1 万亿元，锂电池、新能源车、光伏、新能源、汽车、白酒、医疗、半导体、军工、稀土等板块都有对应 ETF，还有 T+0 交易的恒生科技 ETF、恒生医疗 ETF，甚至有跟踪美国股市的纳斯达克指数 ETF，还有跟踪德国和日本股市的 ETF。投资者可以借助 ETF 基金布局全球投资市场。

从实战经验看，有的场内基金 ETF 不仅可以不交管理费，随时躲大跌后再抄底吃肉。散户要选择那些日成交量 5000 万元以上的 ETF，基本上操作跟股票交易没有什么区别，很少产生流动性问题，也没有退市风险。当然，场内基金（行业 ETF）最大的风险就是流动性风险，所以交易尽量要选日成交量在 5000 万元以上的 ETF。有一些 ETF 的日成交量很小，一天几十万元就能拉涨停，涨跌都没有太大意义。

基金投资还要讲究投资组合，股票基金、债券基金、指数基金要各占一定比例。2022年股票基金收益不乐观，不少人就加大了债券基金的投资比例。但2022年11月，债券基金又大跌，很多人又卖出债券基金抄底买入股票基金。

总体来说，ETF基金市场规模2022年突破了万亿元，越来越受到中国基民的喜爱，因为能随时躲大跌后再抄底吃肉，而且手续费很低，跟场外基金相比几乎可以忽略不计。

ETF也越来越开放。比如，内地和香港的ETF互联互通，因为对于海外投资者而言，符合条件的ETF有80余只，规模将突破6000亿元；而对于内地投资者而言，香港市场有望纳入6只ETF，规模达3600亿港元。

有数据统计，截至2022年5月27日，全市场510只A股ETF中，符合条件的A股ETF有35只宽基类、54只行业和主题类、2只策略类、1只风格类场内基金ETF。

2023年，基民的选择增多，ETF市场有望迎来大量增量资金，推动ETF的市场规模持续扩大，流动性改善，这样场内基金ETF优势更加明显。从长远来看，基金行业一直对ETF互联互通高度关注，我国的ETF市场在互联互通机制下一定会走上更加多元化、国际化的道路，这是长期利好。

## 第五节　如何投资指数基金和REITs基金

很多价值投资基金的人，都喜欢投资指数基金。比如，上证50是挑选上海证券市场规模大、流动性好的最具代表性的50只股票组成样本股，以便综合反映上海证券市场最具市场影响力的一批龙头企业的整体状况。上证50指数自2004年1月2日起正式发布。其目标是建立一个成交活跃、规模较大、主要作为衍生金融工具基础的投资指数。

目前我国常见的指数基金有：上证50基金，跟踪上海证券市场最具市场影响的50家龙头企业，规模最大，流动性最好。沪深300：上海和深圳两个交易所，300家大型上市公司。中证500：500家中小型上市公司。国外股市：美国标准普尔500指数基金、纳斯达克指数基金。

还有一些专门的红利指数基金：专门投资于高分红的企业指数基金；创业板指数基金，专门投资创业板上市的企业。这些基金本质都是"一揽子"股票，复盘重仓股一般都可以预判走势。不少人介绍，"股神巴菲特都推荐指数基金"，甚至还流传有立遗嘱推荐买指数基金的故事，说投资指数基金收益率很好。这个现实情况是：巴菲特大力推荐的是美国指数基金，纳斯达克指数最近几年的月度走势图，如图5-1所示。

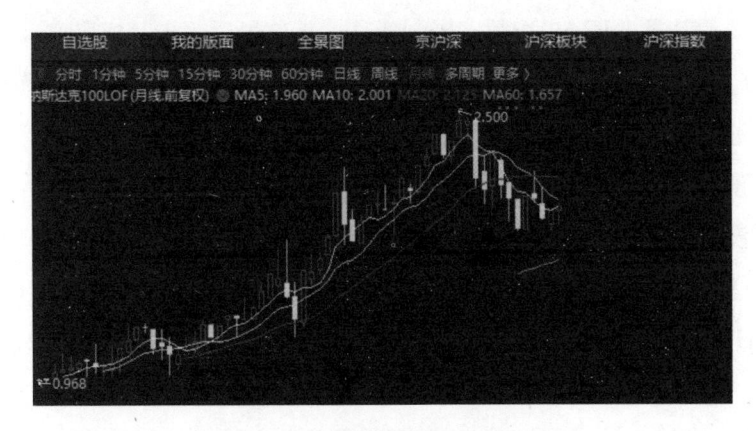

图5-1　纳斯达克指数月度走势K线

如果让巴菲特来买A股指数基金试试，看图对比投资者就会知道答案，如图5-2所示。

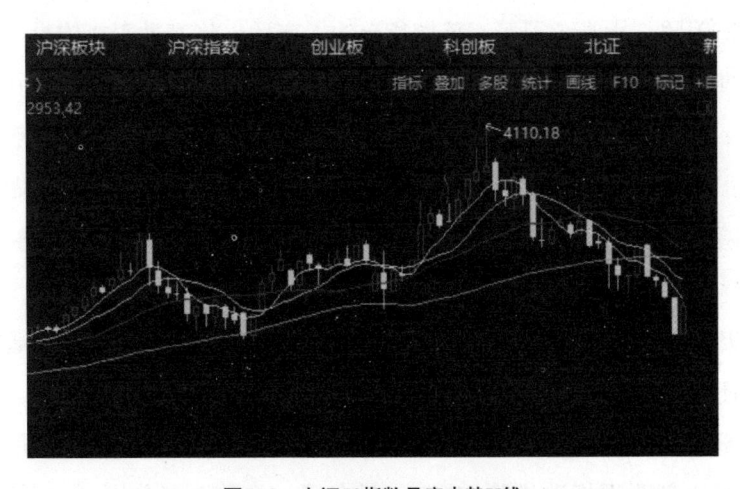

图5-2　上证50指数月度走势K线

在 A 股有没有一种不用看板块，看清大势就能赚钱的方法？当然有，那就是投资指数基金。比如投资者选择上证 50 指数基金，就相当于买了上证 50 成分股。现在场内 ETF 里有很多种上证 50 指数基金供买卖，把握好节奏，摒弃一夜暴富的投机心理，投资指数基金也是一种较好的选择。比如，上证 50 指数基金的优点是稳，缺点是收益率相对较低，但看清大势就可以，相对而言操作简单。何时买上证 50 指数基金较好？复盘看，2020 年 11 月后，上证指数就迎来一波慢牛上涨，尤其是上证 50 指数，屡创新高，年前最后一天其实已突破 4000 点，达到 4020 点。随后一路下跌和震荡。散户要投资上证 50 指数基金，需要看清股市大势，等待合适时机。

及时预判股市大势走势，这对指数基金来说也很有参考价值。

股市没有行情时，指数基金就很难赚钱：2022 年 4 月和 9 月，科创 50 指数跌破 1000 点基点。这是科创 50 指数发布后首次跌破该点位。科创 50 以 2019 年 12 月 31 日为基日，基点 1000 点。这期间，科创 50 指数最高达到 1721.98 点。

现在，每年都有很多指数基金发行。比如，2021 年 10 月 18 日，中国香港首只基于沪深港通的 MSCI 中国 A50 互联互通指数期货合约将上市交易，美国投资者也可以买相关合约。

这是一只指数基金，类似于富时中国 A50 指数基金，只不过其成分股多是沪深港通的股票，也就是说，不少在港交所上市的上市公司股票可能纳入，比如腾讯控股、美团、小米公司等；该期货合约上市后，将有助于机构投资者管理投资风险。期货合约是可以买多和卖空的，也就是说，涉及的股票波动性会加大。如果连续下跌，散户则要注意风险。机构卖空可以赚钱，但是散户一般只有买多才赚钱，很多散户搞不清楚股市大跌为何机构还能赚钱，他们一般会做空期货指数对冲风险，加上期货合约有杠杆，所以这利好投资机构，散户则要躲避连续下跌风险。

有的基金大 V 忽悠散户买指数基金，说巴菲特也强烈推荐指数基金，指数基金定投还能 10 年 10 倍收益，那是胡说八道。当整个股市下跌趋势，没有行情时，指数基金照样跌得一塌糊涂，定投也会亏损更多。以 2022 年 9 月为例，指数基金跌幅榜创业板指数暴跌 11.4%，排名第一，前 3 名分别是：下跌第 1 名，创业板 50ETF，9 月跌 11.4%，因为没有增量资金，创业板 50 都是基金抱团的大盘股，杀跌很厉害；下跌第2名：中证1000指数，9月下跌9.73%，这说明9月中小盘股杀跌也很厉害；下跌第3名，科创ETF，9月下跌8.73%；另外，沪深300跌6.59%，上证50跌5.39%，如果散户定投，只会亏损更多。

所以，有关指数基金的真相是：指数基金也是成分股选取的样本股票，当股市没有行情或者下跌趋势时，散户买指数基金也会亏钱，只有像美股那样10年长牛市投资指数基金才赚钱。

指数基金还有股指期权。散户先搞清楚什么是股市期权交易。简单来说，就是看涨还是看跌。散户看涨股市，就可以买看涨期权，看跌股市，就可以看跌期权。散户看对了就赚钱，看错了就赔钱。

期权都是带有杠杆的，一般是10～30倍，也有50倍杠杆的：优点是你用几百元或者几千元就可以撬动几万元资金的收益；缺点就是你就会亏没了，因为杠杆高，看错了上证指数跌1%，你可能亏30%～50%。

期权合约一般是机构拿来对冲风险的，股市下跌时可以做空赚钱，机构可以做空对冲赚钱。

散户开通期权交易需要20个交易日且日均资产50万元以上，跟开科创板差不多，有的券商还需要开模拟盘练习半年，杠杆高风险也大。

很多投资指数基金的人觉得定投就会赚钱。实际上，还是要"长线看价值，中线看波段，短线看节奏"，A股的现实就是牛短熊长，要赚钱不容易，要让自己变得更专业。股市的赚钱机会很多，这里是一个把正确认知转化成财富的地方，就看投资者的认知是否到位。市场永远是对的，意思是别抱怨市场，要多反省自己的操作，顺势而为，而不是自以为是。

近年来，居民理财还有一种常见的新选择，那就是公募REITs基金。

公募REITs基金是什么？简单来说，就是集资分红的基金，像过去的集体集资建房，主要投资不动产，比如公租房、公路、港口等基础设施。基金通过专业运营收取租金，再按照投资者持有的份额分享收益。

收益率：收益率一般在6%左右，比存款和货币基金、国债收益率要高。

收益来源：REITs的收益主要来自两部分：强制高比例分红，一般强制分红率不低于90%；还有一部分是交易差价。有的基础设施公募REITs采取封闭运作，但后续会在交易所上市交易，首日涨跌幅限制为30%，以后涨跌幅限制为

10%，跟股票没什么区别。

作为全球大类金融资产，机构普遍预测中国公募REITs市场潜在规模在万亿元。如何购买？第一种方式是在股票账户中开通设施基金交易权限，沪深现在有11只试点产品，收益率稳定；第二种方式是在基金代销机构认购。风险是什么？既然是理财投资，就会有风险，这类基金的主要风险是基金投资的基础设施和租金收入不及预期，没有分红。

2022年6月21日，首批9只公募REITs基金满一年，迎来百亿元解禁，收益率最高43.86%，最低竟然破发-6.81%，这充分说明了基金是中高风险投资，不是稳赚不赔的。

REITs基金的最大特点是强制分红，很多"中国大妈"喜欢这样的理财产品。2022年以后，国内市场上的REITs基金会越来越多，要注意选择优质的产品。也就是说，REITs基金也是一种中高风险投资理财，需要专业知识才能变现赚钱。

## 第六节 如何投资"网红基金"

很多散户投资者喜欢跟投所谓的"网红基金"，却忽视了高估值网红基金泡沫破裂的风险。

2021年是我国基民赚钱和亏钱的分水岭，从这一年7月开始，基金亏钱效应开始增强，其实早就有信号了。

2021年1月28日，A股遭遇黑周四，至少还有1009只股票是红的，10大热门基金却全军覆没。招商中证白酒指数基金跌1.28%；景顺长城新兴成长混合基金跌2.40%；易方达中小盘混合基金跌2.27%；中欧医疗健康混合C跌2.99%；招商国证生物医药指数跌3.09%；易方达蓝筹精选混合跌2.24%；易方达消费行业股票跌1.70%；天弘沪深300ETF联接A跌2.58%；中欧医疗健康混合A跌2.99%；中欧时代先锋股票A跌3.63%。

为什么这种情况很罕见？2020年是板块轮动行情，每天至少有一两只热门基金是上涨的，而这次全跌了，就连沪深300都跌了2.58%，重仓腾讯控股、香港交易所的易方达蓝筹精选混合跌了 2.24%；不管是张坤还是葛兰，不管是千亿规模还是百亿神话，基金都"跌跌不休"。这是为什么？原因只有一个：这些基金的重仓股都抱团涨上天价了，但这时市场突然缺钱了。

A 股基金大跌，让所有基民愕然，原来所谓的爆款网红基金，也不过是一场资金接力基金持仓高价股的泡沫。疯狂上涨过后，很多股一个个翻了 10 倍、20 倍，基金大涨，新基民入手被套，然后一路定投补仓，却亏得一塌糊涂。

股市里没有新鲜事，基金市场里也没有新鲜事。基金历史收益并不代表基金以后能赚钱，一些追捧热门基金的投资者，对基金风险缺乏足够的认知。

投资者对基金的风险缺乏认知，认为买基金就是赚钱的。很多新基民都是 2020 年入市，2020 年是基金大年，随便买一只基金都很容易赚钱。

投资者对基金重仓股的趋势缺乏足够的认知。很多人连基金的本质就是股票组合都不知道，当然，这里说的基金是多数人买的股票型基金。基金本质上是投资者交 1.5% 的管理费请基金经理为你买股票。

举个例子，从 2019 年开始，频上热搜的某基金经理，始终重仓半导体板块。这类行业配置集中的基金管理规模不断扩大，蕴藏着较大风险。

风险在什么地方？研究复盘这位网红基金经理两只基金的重仓股股票趋势就可知道：一只成长混合基金，当时规模 327.76 亿元，10 大重仓的股票分别是：韦尔股份、北方华创、中芯国际、三安光电、兆易创新、卓胜微、长电科技、中微公司、圣邦股份、沪硅产业。另一只也是灵活配置的混合基金，规模 82.17 亿元，10 大重仓股分别是：长电科技、韦尔股份、北方华创、卓胜微、中芯国际、沪硅产业、兆易创新、中微公司、圣邦股份、北京君正。

这两只基金的 10 大持仓股高度重合了 9 只，所以走势基本一致。"风格极致"这是好听的说法，不好听的说法称"风格极端"，类似于很多股民的"梭哈"。

这种投资，就是将基金分散投资的风险又集中起来。当基金重仓股处于上涨趋势时，这种基金的业绩很好，一旦基金重仓股趋势发生变化，则风险很大。

股市风云突变，泡沫终将破裂。该网红基金在 2020 年 7 月 15 日之后，开始大跌：从 2020 年 7 月 14 日最高 55.87% 的收益暴跌到 2020 年 10 月 23 日的 7.23%，短短 3 个月暴跌 48%，买这只网红基金的人，很多人都是欲哭无泪。

为什么会这样？因为重仓的半导体股泡沫开始破裂，复盘这只基金重仓股那段时间的表现。韦尔股份：每股从 253 元跌到 167 元，跌幅近 40%；卓胜微：每股从最高 718 元跌到 330 元，腰斩；9 只重仓股走势都差不多。所以，网红基金业绩暴跌 44%，买入该基金的基民损失惨重。

基金重仓股泡沫太大，终有一天会破裂。这泡沫有多大，基金就有多大风险。因为泡沫是股民、游资、基金一起炒起来的，而泡沫破裂过后就会一地鸡毛。股市里没有什么新鲜事，基金市场里也没有什么新鲜事。在股票价格见顶，泡沫破裂之后，总是由后知后觉的基民埋单。

如果股市出现板块股票泡沫破裂，很多就是基民埋单，因为到时候基金收益率也会连续暴跌。以 2000 年美国科技股泡沫破裂为例，美国科技基金的平均收益率从 1999 年的 128% 暴跌到 2000 年的 −37.3%，2001 年和 2002 年又狂跌 21.5% 和 35%，当时美国所有科技基金都遇到了巨额赎回，不少惨遭清盘。

如何规避网红基金的投资风险？投资者买网红基金之前一定要搞清楚，基金过去的收益不代表未来收益，要去复盘看基金重仓股以及重仓股的趋势，远离那些风险较大的网红基金；另外，最好远离把分散风险集中起来的网红基金；如果要投机，也要躲大跌后再抄底吃肉。

## 第七节　如何定投才能拥有"微笑曲线"

买基金不用选择时机，懒人定投就能赚钱，这是很多不懂基金定投的投资者的常见误区。比如，2022 年定投基金等待"微笑曲线"的基民都亏哭了！

很多散户问，定投基金就会有"微笑曲线"吗？好多基金大 V 说买基金不用选择时机，任何时候买基金都行吗？懒人定投基金不赚钱吗？定投指数基金 10 年能财务自由吗？根据书声说财经的复盘研究结论：所谓买基金不用择时，定投就有"微笑曲线"只是纸上谈兵。这些基金理论多来源于华尔街，只适合牛长熊短的美股，遇到下跌趋势的 A 股，定投基金会严重亏损。

其实，基金理论要结合 A 股实际，只有股市有"微笑曲线"的行情，基金才会有"微笑曲线"，股市连续下跌，基民当然也笑不出来。下跌趋势，跌了加仓，定投也亏损，相对于高点满仓买入的基民亏损更加严重。比如，恒生医疗基金，2021年7月～2022年10月从净值高点1.2跌到0.4，跌幅近70%，定投均摊了成本，亏损率小，但是亏损数额会变大；如果散户懂一点股市常识，就不要持有任何下跌趋势的股票和基金，你投入5000元亏了就不会继续买入，懂得适时止损，亏损会远小于2500元，不至于每个月定投5000元，定投亏损25000元。

在A股价值投资定投买基金还是要择时。不要迷信美国那些基金定投理论，这都是基于美股长牛的实际情况，A股很多时候跌了就加仓，亏损会更多，定投亏损也很多。

有的基民说，基金是中长期投资，长期持有，肯定也会"微笑"曲线涨回来的。再告诉你一个常识：基金对于资金规模是有要求的，一旦赎回的资金变多，基金规模太小，或者持有人数少，基金就会清盘，基民也会血本无归。所以，基民不要盲目定投，还是要看股市是否有行情。

还有人说，定投指数基金10年实现财富自由。有几个散户能持有基金超过10年？你的人生有几个10年？定投指数基金10年收益率多少？有存银行10年利息高吗？话说回来，很多基金大V和基金经理总是期望散户下跌时扛得住，定投等高点了再卖出。如果你在基金下跌时扛得住，上涨时又知道哪里是高点和顶部，都这么厉害了，你都是股神了，那还买什么基金，去买股票10年赚1万倍不香吗？

可见，懒人、小白是很难通过某种方法买基金一定赚到大钱的。这种发家致富的方法如果存在，谁还会踏踏实实工作？市场上这类书籍很多，基本没有用。面对A股这样的市场，还是要踏踏实实通过工作赚钱，自改革开放以来，你身边有几个人是通过买基金实现财富自由的？买基金是靠天吃饭，可能行情好时凭运气赚了钱，但这不是人生的常态。

任何人想通过买股票、买基金赚钱，只有一条路，那就是在前面说的天道酬勤，专注搞懂股市，用专业金融知识和专业复盘、专业认知去赚钱。

如何才能拥有基金的"微笑曲线"？在A股，只能是在股市有上涨行情时，底部买入基金，等到顶部卖出。比如，在2021年4月底部买入，6月收益率20%左右就卖出。

在A股，"书声说财经"在全网提出了一个著名的场外基金20%止盈定律：

基金不是要不要止盈的问题，是你会不会止盈的问题。大势好，牛市买基金可以拿长线，等待"微笑曲线"；但如果是震荡大势，买基金收益20%止盈永远正确，这是结合多年A股看盘经验和实战得出的正确结论，因为A股牛短熊长，长期震荡走势。在A股，不管是玩场内基金还是玩场外基金，当一波收益达到20%～30%收红包，是因为你买的基金本质就是股票，当一个板块不管是上涨还是反弹，30%是一个重要止盈点位；基金一年的收益达到20%～30%，你就能打败90%的公募基金经理和95%的基民，不要再贪婪，要学会知足，否则A股会教你"人"字怎么写。

基金不是暴富的理财工具，震荡市场，年化收益能达到20%～30%就很好了，更何况一波上涨。

总体来看，老股民都知道只吃"鱼身"，吃"鱼尾"刺多容易卡着喉咙，买基金也是一样的，在股市学会止盈和止损一样重要。

A股市场，牛短熊长，多数时候是震荡市场，比如2015—2022年，沪指基本上是围绕3000点震荡。

散户在A股买基金，牛市和震荡上涨趋势才有机会拥有基金的"微笑曲线"。

熊市来了怎么办？那就只能买场内基金ETF，躲大跌后再吃肉。因为场外基金亏损概率大，躲过大跌保住本金就不错了。

所以说，基金的"微笑曲线"理论在基金下跌趋势时不适用。很多基金小白还是不太理解，简单地说，"微笑曲线"理论的前提是股市有"微笑曲线"行情，如果呈一路下跌趋势，定投越多，亏得越多，你只是平摊了亏损率，亏损总金额会增多，每天看着投的钱越来越多，窟窿越来越大，只会内心焦虑不安情绪崩溃，如何做到继续坚定信心每月再投钱？

有基民不服气，说继续定投，持有三年五载或者等下一轮牛市，就会回来的，等赚钱了再卖。

这样的基民现实生活中很少见。在长达一年多的下跌趋势中能云淡风轻，每月能克服焦虑情绪坚定信心持续买入，等到上涨又能克服自身的贪婪继续持有，耐心等待赚钱，其间又有源源不断的钱定投，能做到这样的不就是股神巴菲特吗？

现实情况是，99%的散户买基金，定投3个月之后还继续亏损，就会考虑停止定投；定投半年，继续亏损就会考虑割肉，停止定投了。定投亏损一年，估计销户的心理都有了。

不是"微笑曲线"赚不到钱，只是纸上谈兵，在牛短熊长的 A 股散户实际做不到。不要问为什么，不信你试一试，当你月工资 6000 元，定投第一个月亏 3000 元，第二个月亏 6000 元的时候，第三个月亏 9000 元的时候，你的心态就崩了。大多数散户买股票和基金，遇到股市下跌趋势都会亏钱，99% 的基金经理也会亏钱，他们可以无动于衷，安抚散户说不要慌，不要卖，因为他们亏的不是自己的钱。

定投指数基金 10 年实现财富自由，这也是一个骗局，只有股神巴菲特在美股能做到。很多人研究了一些技术指标来判断指数是高估还是低估，但技术指标在下跌趋势毫无作用。据估算，从 2013 年开始定投 10 年中概互联网基金，到 2023 年 10 年年化收益率为 -2.55%，翻 10 倍就是个笑话。

要想在 A 股定投赚钱，投资者先要有源源不断的本金，要做好亏钱的心理准备。自改革开放以来，有多少人是通过买基金暴富的？有多少人定投 10 年指数财富自由了？

在 A 股买基金是靠天吃饭，行情好时凭运气赚了一点钱，不要妄想那就是人生的常态，今后每个月每年一定赚更多的钱，这只是妄想。

前文提到过任何人要想买股票、买基金赚钱，只有一条路，那就是天道酬勤，专注搞懂股市，用专业金融知识和专业复盘、专业认知去赚钱。有一个基金常识跟大家分享：别持有任何下跌趋势的基金或股票，基金要用闲钱投资。下跌趋势的常见信号是，一波下跌超 20%，连续下跌跌多涨少。基金上涨趋势的常见信号是，跌少涨多，一波上涨超 20%，波动趋势向上。

任何投资都是沉没成本，所以要最大化收益。你复盘股市，付出比别人多，懂的比别人多，更愿意去钻研，长线看价值，中线看波段，短线看节奏，财富才会从那些懒人和小白的账户源源不断流入你的账户，这叫认知变现。一般来说，基金定投不如"金字塔式"加仓收益高，定投也要结合股市趋势去操作，很多基民亏钱，就是因为下跌趋势抄底太早，然后被套牢，几年下来，定投 A 股的基金投资收益可能还不如把钱存银行定期收益高。

# 下篇

## 价值投资
## 如何避雷

股市有风险,投资须谨慎

# 第六章　价值投资也有风险

前面章节说了，价值投资买股票和基金，本质上都是买股票，买股票基金也是请基金经理给你买股票。基金只是一种在控制好风险的基础上，取得收益的中长期投资方法，并不能保证每次投资，每个基民赚到钱。这其中，既有股市自身的风险，企业自身的风险，也有投资人价值投资时犯错误的风险。散户们要牢记"股市有风险，投资须谨慎"十个大字，把风险控制放在第一位，"书声说财经"专门用一章来说明这个问题。

## 第一节　股票和基金价值投资的风险

股票自诞生之日起，就是一项高风险的投资。股票基金投资也是一项相对高风险的投资，必须跟自身风险承受能力相匹配。

在股市有一个著名的故事：众所周知，英国科学家牛顿发明了三大定律，智商据传高达 190，但最终也做了股市的韭菜。1720 年，人类历史上第一次股市危机在英国爆发，那就是史上著名的"南海泡沫"事件。在这场股市泡沫中，牛顿当韭菜被收割了。

牛顿是在全民炒股的热潮中跑步进场的。1719 年，已经 77 岁高龄的牛顿入市了，因为他也曾在股市赚钱。之前，牛顿在每股约 120 英镑时买入了南海公司的股票，然后在每股 270 英镑时全部抛出，赚了 5000 英镑。像无数散户一样，赚到钱后的牛顿本想在股价回调之后，再重新买入，无奈南海公司股价头也不回疯狂上涨，就像A股里诞生的妖股。

牛顿的一个朋友在南海股票每股500英镑买入后，大发其财。当股价达到600英镑/股时，牛顿坐不住了，重仓杀入股市，准备狠狠赚一笔。

1720年，南海公司炮制了巨额国债管理计划，引发了英国一场全民炒股狂潮，而其股价泡沫不断变大，也是很吓人。短短几天时间，每股涨到了800英镑，牛顿大喜，大赚了，但他没有跑，他觉得南海公司的股价还会上涨，他准备在每股1200英镑时卖出。

又经过3个月的大涨，在南海公司不断炒作和英国全民狂热的投机下，南海公司每股股价达到了1000英镑，牛顿笑了，但他还是没跑，他坚信每股1200英镑会到的，股价涨一倍不成问题，像A股里无数等待股票翻倍的散户一样。

当时英国全民还在狂热买入南海公司的股票，但却不知道危险已经悄然来临，英国老少妇孺都在高谈阔论这只股票，想要大发横财。但没有实际业绩支撑的股价注定是空中楼阁，所有的泡沫都有破裂的那一天。

1720年短短一个月时间，南海公司的股价开始从1000英镑跌到了700英镑。

此时英国议会紧急通过了几项提案，来提振投资者的信心，但是资本市场无情，这些政策法规对股价毫无作用。几天之后，南海公司的股价进一步狂泻到400英镑，英国当时千万个家庭因此破产。

为了挽救股民信心，英格兰银行认购了300万英镑的南海公司股票，政府也采取了一系列措施救市，但是依然未能阻止股价的下跌，很快便跌到了135英镑。

牛顿亏损得受不了，只好割肉了，第一次盈利的5000英镑全部亏进去，最终他以亏损20000英镑离场，几乎破产。

亏了很多钱的牛顿不由得感慨道："我可以算准天体的运行轨迹，但算不清股票投机时的复杂人性。"

无数的散户，即便像牛顿一样聪明的人，也无法每次准确预知市场和人性的贪婪与恐惧底线在哪里。所以，"书声说财经"总是对粉丝们说，每年投资股市的钱，不要超过你家庭可支配收入总额的20%。这样你才有一个好心态，即便全部亏损也不会影响正常生活。买基金的风险相对较小，但也要用闲钱理财。你要做好血本无归的心理准备，永远不要做赌徒，去借贷或者加杠杆炒股。

在过去的2021年，很多股民、基民和牛顿一样疯狂，明知道美联储要开启加息周期，很多人在腾讯涨到758港币时还往里面冲，说涨到1000港币不是梦，结果腾讯股票一路下跌，最低时每股跌到198港币。

经历过2015年A股的股灾，很多老股民都知道股票涨多了泡沫破了就大会跌，这是A股最基本的定律。2015年股市里涨幅10倍、20倍甚至30倍的股很多，千亿元市值的公司很多，比如已经退市的乐视网，最高峰时估值1700亿元。当时明星股是中国中车，借着南北车合并，每股一路从3元炒到39元，涨了13倍，市值超过1万亿元。这些估值泡沫都破裂了。

2015年股灾的导火线据说是场外配资被清查，当时的数据是场内资金规模2.27万元，场外配资1.8万亿元。

2015年股灾第一周（6.15～6.19）跌幅14.99%：创业板从最高4037点下跌，失守3900、3800、3700三大关口，这时的调整被认为是股市涨多了正常回调，股民们都还沉浸在牛市的情绪中，很多高位股大跌也没人在意，很多人拿长线投资来安慰自己；第二周创业板反弹2天，后3天再次暴跌达8.91%，跌破3500点；从6月15日开始到7月3日，14个交易日内创业板暴跌33.19%。

2015年的股灾是全面上涨后的全面下跌，市场后期已经出现一开盘就千股跌停，基金巨额赎回逃不出的情况。

2022年A股大跌的主要原因是美联储大幅加息导致全球股市基金抱团股泡沫破裂。现在A股市场韧性比2015年要强多了，融资和杠杆也不高，但还是要特别注意股票自身的风险。

如果股市连续大跌，大多数人买的股票基金也会大跌，损失惨重；发生股灾时，基金也逃不出去，这是基金常识。

以2015年6月中旬的股灾为例，股市千股跌停，基金的重仓股卖不出去；基金面临同样的巨额赎回风险。专业点讲，基金赎回超10%就叫巨额赎回，遭遇巨额赎回的基金一是会延期赎回，因为基金经理卖不出去股票，他也没钱给你；二是按比例分配，把手头有的钱按资金赎回比例分配，比如你赎回1万元，可能到账只有100元。不仅股票、基金如此，连稳健的债券基金也可能如此，2022年11月，不少债券基金都限额赎回了。这就叫基金的流动性风险。如果出现股灾，基金净值会连续大跌，收益率暴跌。以2000年美国科技股泡沫破裂为例，美国的科技基金的平均收益率从1999年的128%暴跌到2000年的−37.3%，之后又狂跌两年，2001年和2002年分别跌了21.5%和35%，美国所有科技基金都面临巨额赎回，不少惨遭清盘，不少投资者血本无归。

股市和基金投资门槛低，谁都可以买，但赚钱的门槛高：因为有中高风险，股民和基民"一赢二平七亏"，入市须谨慎，投资者必须先读书让自己拥有专业知识，再大量看盘和复盘让自己变得更专业，"长线看价值，中线看波段，短线看节奏"，才可能赚到钱。散户价值投资如何避雷：一是不能选择那种"PPT公司"；二是要尊重市场的选择，不要碰下跌趋势的股票和基金；三是出现大涨时，当散户都狂热时，要保持冷静，卖在人声鼎沸时。当大街上的买菜大妈和公交车上的大爷都在讨论股票和基金时，就应该特别注意风险了。

## 第二节　居民理财的风险和典型骗局

金融圈子因为跟钱有关，有不少骗子混迹其中。"书声说财经"当财经大V，曝光了很多理财骗局。近50万粉丝中不少人遇到骗子后才关注到"书声说财经"，相见恨晚。"书声说财经"教粉丝一招识别骗局：在任何情况下，都不要让自己的钱离开自己的银行账户。也就是说，理财投资牢记一点，你的钱只进出自己的账户和银行卡，凡是让你的钱离开自己的银行卡和账户的多是骗子！另外，安全理财，合法合规是底线，把控制风险放在第一位。

本章将一些典型骗局集中曝光，提醒投资者千万不要上当受骗：

典型骗局一：资金管理账户的打新骗局。所谓的"资管账户"，就是资金管理账户，都是骗局，比如骗投资者把钱转到一个"壹号"资金账户去打新、抢涨停板，或者说得天花乱坠带你赚钱；这类骗子很多，你把钱转过去就取不出来了，千万不要乱下载任何骗子软件，更不要转钱给陌生人或陌生账户。现在骗子用软件做假App骗钱随处可见，做个假网站和App很容易。

典型骗局二：冒充券商工作人员或者投资咨询公司推荐短线牛股骗局。邀请散户领取短线牛股的100%是骗局，但不少缺乏股市常识的人上当受骗。不仅有冒充券商工作人员的，还有冒充知名牛散的人，套路都是邀请散户领短线牛股。

如何避免上当受骗：首先要脑子清醒，别相信任何非法推荐股票，也不用好奇浪费时间；学习金融知识，多了解各种骗局；树立正确的股市投资观念：走正道价值投资，多总结实战经验，形成自己的交易赚钱模式，任何人的观点仅供自己参考。

典型骗局三：非法抢筹打新。有一个粉丝被邀请进群，"请"了假的游资大佬来授课两次，觉得讲得很专业，然后很多涨得好的股票根本买不进，就说找他师兄开通部分券商协同账户，可以抢筹和打新；有网页，手机客户端，钱打到很多公司账户上，买股是配资10倍，都是赚的，但提现提不出来。还有套中套：如果你不再投入，过段时间会突然告诉你违规操作账户被冻结，你的钱取不出来。如果打几千元疏通费，找内部关系取出。疏通费越多，取回的速度越快。这时群里会有不少人说钱已取回。当你打款几千元后，再无音讯，最后把投资者的钱榨干，群再解散。

典型骗局四：带你炒外汇骗局。提高警惕，切勿上当受骗，股市行情不好，有骗子自称带学员炒外汇，还要下载的非法App！炒外汇基本上不赚钱，大多数属于非法行为，你去银行换外汇，都要严格申报用途，每年额度是5万美元，虚假购汇是违法行为。所以如果碰到带你炒外汇的骗子，直接报警！

典型骗局五：打着数字经济幌子骗你投资项目。不管什么理由，只要让你的钱离开你的银行账户的人都是骗子。遇到说赚钱的人，你要多想一想：真有赚钱的好项目，别人带你发财？带着亲戚朋友赚钱不比带你好吗？

典型骗局六：P收益图行骗。现在不少人一天不赚几百万都不好意思当骗子。网络中不少人都是资产过亿，一天赚几百万，重出江湖来拯救散户的；大号吹牛，小号诱导，自言自语；网红脸美女带你炒股的，更是胡说八道。

前面说了，股市没有捷径可走，也没有哪种方法能让你把股市当提款机，你要想在股市里赚到钱，只有踏踏实实不断学习，向世界上最优秀的人学习价值投资，学习他们的经验和教训，分析和思考模式，提高自己的认知，踏踏实实复盘预判，顺势而为。

典型骗局七：股票基金自媒体大骗局。一些股市自媒体人，号称国际金融操盘手，10年后重出江湖，拯救A股散户。一般取名叫X龙，其实是一条虫，乱吹一通。

美女操盘手带你看股市：各种整形网红脸，打工妹气质美女，据说都是高手，几百万元随便赚。

资产上亿实盘炒股天天盈利贴图，千万资金上亿资产买基金：真相是现在网上谁还没有几千万？

热门股天天抓涨停：但你一买就跌停，这是利用自媒体来出货。

龙头战法或各种稳赚不赔技术：要真有，为何几百元卖给你？看你是百年不遇的股市奇才？

牛人带你做股票分成：若真能赚钱，带他亲戚不好吗？

刚和几个资产过亿的朋友喝完茅台来指导散户：你确定有钱人天天喝茅台吗？

当年拜的师父有多牛，研究了一套独门股市手法：请问，免费给散户吗？

典型骗局八：典型A股"杀猪盘"。2021年8月12日，A股市场上臭名昭著的黑嘴吴承泽被判19年有期徒刑，并处罚金7903万元，另有团伙14人被分别判处2～6年不等刑期。

散户解破吴承泽的操纵股票手法，就可以避免上当受骗。其骗子手法第一步：免费邀请你入微信群，盘后或早盘前推荐股票，告诉你明天涨停或大涨，让你去验证。警惕意识强的人肯定不信，但是第二天去看，真涨停了，或者连续涨停，散户买不进去。骗子一般会利用有很多公司在收盘后发布公告，大利好，利用资金优势大举拉涨，靠操控打造出开盘就涨停的盘后票。

这时候，免费微信群就会邀请一些人加入会员群，收费2万～5万元，这叫收割粉丝。然后推荐股民股票高位接盘，股民亏损，还不让跑，让你拿着，庄家先跑。你以为这就结束了？这时候吴承泽还会说：股市有风险，本来也不能保证百分之百涨停，更重要的是你充会员太便宜，要赚钱还得加钱！一般股市亏钱的人心态很差，总想着赚回来，然后再次被"杀猪盘"！等幡然醒悟的时候，你已经被拉黑。

现在网络上假大空太多，说真话的人太少：股市里往往真实可靠的信息才最有价值，真话最值钱，但是很多人分不清哪些是真话哪些是假话。股市其实没有捷径可走。要说有的话，读书倒是一种最真实有效和成本最低的方法。一个人的知识是股市最好的财富，不断学习，不断提高认知才是从股市里赚钱的有效途径，因为股市就是一个把认知转变成财富的地方。你赚的每一分钱，都是你认知的变现。

总的来看，被骗的股民多是因为想走捷径赚钱，这种心理是人性的弱点，往往容易被骗子所利用。在金融市场，想赚钱除了提高自己的认知以外，别无其他任何捷径可走。多少人因为贪婪而入了别人的圈套。"书声说财经"还是那句话："让你的钱离开你银行或证券账户的人，就是骗子，不管用什么套路。"